Celso Atlantio

Io ho paura

La morte, senza false consolazioni

"Le silence éternel
de ces espaces infinis
m'effraie"

Indice

Introduzione

Ho paura della morte e non mi vergogno a dirlo. Il cristianesimo è stato per me principalmente la consolazione da questa paura, o perlomeno, ha cercato di esserlo, e per tanti anni con successo. Il cuore mi diede quel calore che la mente agognava. Ma quando il cristianesimo non seppe più ostruire il fiume della ragione, quando cioè cominciò a fare acqua da tutte le parti, lo abbandonai, e venendo a sgretolarsi tutto l'edificio della religione dalle fondamenta, sono rimasto nudo di fronte alla signora in nero.

Si dice che l'uomo viva due vite: la prima inizia quando nasce, la seconda quando capisce che ne ha una sola. Mi aspettavo allora di trovare una risposta laica alla questione della limitatezza della vita, ma di quelle che trovavo, ognuna mi pareva più fasulla e vuota delle altre. Suonavano bene, suonavano molto bene, ma ecco, mi bastava tornare per qualche secondo a contemplare l'idea oscura e fredda della fine, ed esse si spegnevano come candele nella bufera. Presi allora la risoluzione che, fino a quando non ne avessi trovata una degna, semplicemente non ci avrei più pensato. Da allora son passati cinque anni, e ancora non ho trovato nulla che meglio calmi la mente.

Nei primi dieci capitoli di questo libro esamino quelle dolci consolazioni che, come delle zollette di zucchero, rendono più gradevole l'intruglio della morte. La loro stessa esistenza è la prova che la morte sia amara; ché, se non fosse amara, non ci sarebbe la necessità di addolcirla.

In ogni caso, se qualcuno ha raggiunto una certa serenità nell'accettazione del pensiero che un giorno verrà disintegrato per sempre, buon per lui: sconsiglio vivamente la lettura di questo libro, il quale potrebbe riportare l'animo in subbuglio. Questo è il rischio che ogni lettore si assumerà.

In realtà, il mio libro non è nulla di più che una semplice e sobria riflessione sul significato e sulle conseguenze della morte da un punto di vista laico: tanto basta per aprire l'oblò sul vuoto siderale.

Noi pensiamo di essere soli quando, di notte, il nostro pensiero vaga "su l'orme che vanno al nulla eterno", e la testa ci si scalda, e il sonno svanisce. Non è così. Tutti, ogni tanto, pensano segretamente alla morte. L'unico pensiero che sembra sollevarmi un po' il cuore quando così sprofonda è proprio questo: qualsiasi cosa la morte sia, l'affronteremo tutti quanti (anche se probabilmente non insieme). È questo un profondo egoismo, certo, ma così funziona la mente umana: una disgrazia che si abbatte anche sugli altri intorno a noi pare dividere il suo peso tra tutti.

10

Nota sulla datazione

Per una datazione più laica, "avanti Cristo" e "dopo Cristo" sono sostituiti da "a.E.C." e "E.C.", ovvero "avanti l'Era Comune" e "Era Comune".

12

1

Socrate

e il sonno senza sogni

Uno dei più antichi discorsi sull'insensatezza della paura umana della morte fu quello pronunciato da un imputato davanti ai suoi giudici. Siamo nell'Atene del IV secolo a.E.C. e a difendersi dalle accuse di "empietà" e "corruzione dei giovani" in tribunale è un anziano sulla settantina, un maestro e filosofo chiamato Socrate.

Nell'*Apologia di Socrate*[1], scritta dal suo allievo Platone, si può leggere come Socrate non sia arrabbiato con i suoi giudici: essi lo condannano

---

[1] *Apologia di Socrate,*
https://www.ousia.it/content/Sezioni/Testi/PlatoneApologia.
pdf

a morte pensando di fargli un male, quando in realtà nessuno sa, né l'imputato, né gli accusatori, che cosa la morte veramente sia. Il filosofo aveva dialogato con i suoi concittadini per tutta la sua vita, e ora non perde occasione per un ennesimo, grande discorso. Parla con estrema lucidità, proprio come faceva passeggiando nella piazza, quasi senza badare alla sentenza minacciosa che pende sul suo capo come una lama.

Giacché, o Ateniesi, il temere la morte altro non è che parere sapienti senza esserlo, cioè a dire credere di sapere ciò che si ignora; poiché nessuno sa se la morte, che l'uomo teme come se conoscesse già che è il maggiore di tutti i mali, non sia invece per essere il più gran bene. E non è la più vituperevole ignoranza quella che consiste nel credere di sapere ciò che non si sa? Ed io, o Ateniesi, proprio in questo forse mi differenzio dalla più parte degli uomini, e se c'è cosa per la quale io affermo di essere più sapiente di ogni altro è questa: che così come io non so nulla di ciò che ci attende nell'Ade, così anche credo di non saperne. Ma una cosa so di certo: che il fare ingiustizia e disobbedire a un nostro superiore, sia esso Dio o uomo, è cosa cattiva e vergognosa. Giammai dunque io temerò né fuggirò quello che non so se sia un bene, ma piuttosto il male che so essere tale.

Temere la morte, dice Socrate, è da stupidi, perché si dovrebbe temere ciò che si conosce essere un male, e non ciò di cui non si sa nulla.

E tuttavia ne ho visti molti, che pur sembravano uomini eccellenti, comportarsi davanti ai giudici in modo così sconveniente da destare meraviglia, credendo essi d'avere a soffrire chissà che cosa se morivano, come se, non condannandoli voi a morte, avessero a rimanere immortali.

Socrate non capisce perché tanto affanno e tanto sconcerto nel cercare di impietosire un giudice a non comminare la sentenza capitale, non capisce come si possano preferire vent'anni in galera alla morte rapida e indolore (per esempio tramite la pianta velenosa della cicuta), non capisce come tanti uomini possano arrivare a dare falsa testimonianza o rinnegare le proprie convinzioni pur di vedersi allungata la vita.

Come è noto, Socrate non si ribella alla condanna a morte, pur ritenendola profondamente ingiusta: con i suoi insegnamenti egli stava solo cercando di rendere migliore Atene, la sua amata città, e al posto di una punizione dice ai giudici che, per i servigi resi gratuitamente, meriterebbe una ricompensa. Egli rifiuta anche la fuga che i suoi discepoli gli avevano preparato corrompendo le guardie. Si narra che, prima di bere la cicuta, nonostante le suppliche dei suoi amici, Socrate si sia premurato solo di saldare un debito: "O Critone, noi siamo debitori di un gallo ad Asclepio: dateglielo e non dimenticatevene!". Ma come faceva quest'uomo ad essere così sereno ad un passo dalla sua caduta nell'ignoto, in quello che Foscolo chiamerà "il Nulla eterno"? Cerchiamo la risposta nella sua analisi dicotomica della morte.

Cerchiamo anche per altra via di vedere come c'è molto da sperare che la morte sia un bene. Morire infatti è una delle due cose: o è un precipitare nel nulla, per cui il morto non ha più sentimento di alcuna cosa; o è, secondo che si dice, un transito e una trasmigrazione dell'anima da questo luogo ad un altro. Se è un precipitare nel nulla e un cessare di ogni sensazione, quasi come un sonno in cui nulla si vede, neppure il sogno, gran guadagno allora è la morte. Se si considera infatti una di quelle notti in cui si è dormito profondamente senza nulla vedere, neanche lo stesso sogno, e si raffronta alle altre notti e giorni della propria vita e si dovesse decidere, dopo aver riflettuto, per stabilire quante notti e giorni si sono vissuti meglio e più dolcemente di quella, immagino che non solo l'uomo comune, ma lo stesso grande Re in persona, troverebbe queste ben poco numerose rispetto alle altre. Se tale dunque è la morte, gran guadagno essa è, perché allora l'infinito tempo è una sola e unica notte. Se poi la morte è una trasmigrazione da qui ad altro luogo, ed è vero quel che si dice, cioè che là dimorano tutti i morti, qual bene, o giudici, potremmo noi allora aspettarci maggiore di questo? Se, giungendo nell'Ade, dopo esserci liberati da questi qua che si danno il nome di giudici, si troveranno i veri giudici, quelli che anche là giudicano, Minosse, Radamànto, Eaco e Trittolèmo e tutti gli altri semidei che in vita furono giusti, sarebbe forse da disprezzare tale trasmigrazione? O al contrario, non sarebbe essa di tal valore da pagare qualsiasi prezzo pur di potere conversare con Musèo, Orfeo, Esiodo e Omero? Quanto a me, se tali cose sono vere, preferirei morire mille volte. Oh! Quale meravigliosa conversazione sarebbe la mia quando mi imbattessi in Palamede e Aiace il telamonio e in qualche altro dei tempi antichi morto per ingiusto giudizio! Raffronterei la mia sorte alla loro; e ciò penso sarebbe per me motivo di dolcezza. E soprattutto amerei trascorrere il tempo ad esaminare ed interrogare quelli di là, come sono solito esaminare questi di qua, per scoprire chi di loro è sapiente e chi invece crede di esserlo e non lo è affatto. Quanto, infatti, non pagherebbe ciascuno di voi, o giudici, per interrogare colui che guidò l'esercito contro Troia, o Ulisse, o Sisifo, o tanti altri uomini e donne che potrei nominare? Quale inesprimibile beatitudine sarebbe parlare con loro, vivere in loro compagnia, esaminarli!

Non avverrebbe di certo, a causa di codesto esame, che quelli di là mi uccidessero, poiché oltre ad essere per molte ragioni più felici di noi, sono ormai immortali per tutto il restante tempo, se è vero ciò che si dice.

O la religione dei Greci è vera, e l'aldilà esiste, oppure è falsa, e la morte altro non è che assenza di ogni sensazione: in entrambi i casi, Socrate non teme nulla, e anzi osserva, ironicamente, che se fra i mortali viene trattato così ingiustamente, tra gli immortali vivrà meglio.

Ma vedo che è tempo ormai di andar via, io a morire, voi a vivere. Chi di noi avrà sorte migliore, occulto è a ognuno, tranne che al dio.

Confutazione

Non possiamo non iniziare prendendo atto del fatto che Socrate ora, come Epicuro più avanti, non si limita a consigliarci di non temere da morte, bensì ci offende! Le persone che temono la morte, come l'autore di questo libro e, con molta probabilità, i suoi lettori, secondo Socrate sono false (paiono "sapienti senza esserlo"); non sono semplicemente ignoranti, sono colpevoli della "più vituperevole ignoranza"! Certo, l'offesa di Socrate potrebbe essere semplicemente un consiglio diretto, un rimprovero amorevole, ma non lo sapremo mai. L'insistenza del filosofo su questo punto però, il suo essere scandalizzato per il comportamento degli uomini di fronte alla morte, sembra indicare la sua serietà: d'altronde, la sua "missione" consisteva proprio nel rendere gli uomini consapevoli della propria ignoranza, nel distruggere le loro illusioni dinanzi ai loro occhi e mediante i loro stessi ragionamenti. La paura della morte, dunque, altro non è che l'ennesima credenza non ancora passata per il vaglio della filosofia, che si prende per vera, che si accetta supinamente.

L'intenzione dell'autore di quest'opera è invece agli antipodi di quella socratica: si vedrà che, sotto la lente della ragione, ad essere ridicoli e stolti sono piuttosto gli uomini che *non* temono la morte, come le giustificazioni che essi accampano! Si vedrà non solo che ci sono buone ragioni per aborrire la morte, ma anche che non ce ne sono per apprezzarla, se non pochissime e di infima qualità.

Possiamo essere legittimamente perplessi dal ragionamento di Socrate, che sembra dimenticare una fondamentale verità antropologica: si teme ciò che *non* si conosce. Socrate dice che ciò non ha senso, perché per quanto ne sappiamo essa potrebbe benissimo "essere il più gran bene". Ora, qualsiasi cosa accada dopo il decesso, una cosa è certa: si tratterà di un dirottamento radicale della nostra vita. Che si scompaia nel nulla o che si venga risucchiati in una specie di oceano cosmico sotto forma spirituale, improvvisamente non saremo più ospiti dello stesso corpo, non continueremo più le relazioni che intrattenevamo con i nostri conoscenti, né la routine quotidiana e professionale, e così via. Si tratterà di una trasformazione, credo che almeno su questo punto tutti possano convenire. Ecco, cosa c'è di così tanto stupido nel nutrire apprensione verso una trasformazione di tale portata? Se siamo tesi persino il giorno prima di un viaggio o dell'inizio di un nuovo lavoro, perché non dovremmo esserlo a maggior ragione per l'inizio di un nuovo Tutto? Forse anche queste ansie sono inutili e, dal punto di vista razionale, sciocche, argomenterebbe Socrate: ma il punto è che non esiste solo il punto di vista razionale (avremo modo di vedere, comunque, che anche dal punto di vista razionale la morte non è nulla di invidiabile). Le emozioni avvengono per una ragione, ma non sono controllabili dalla ragione. La paura dell'ignoto da sempre c'è e sempre ci sarà. Da un punto di vista biologico, l'immaginazione animale è portata, dinanzi a rumori o forme ignote, a pensare al peggio più spesso che al meglio, per un meccanismo di autodifesa: se vuoi evitare un pericolo, considera tutto l'ignoto come tale. Ogni civiltà si è sempre inventata favole per riempire il vuoto della morte, e nonostante la crudezza e crudeltà di queste, qualcosa di conosciuto è forse risultato preferibile all'assoluto mistero, e più sopportabile. Dobbiamo forse concludere che l'uomo sia sempre stato stolto, fino all'avvento della filosofia razionale? E se questa filosofia razionale risolve la questione in un sol colpo, e affranca l'uomo dalla sua più grande paura, perché non vediamo oggi un mondo in cui tutti sono felici di vivere e nient'affatto angosciati dall'idea della loro morte, tant'è che, come osservò Blaise Pascal nel Seicento, non conoscono altro rimedio che condurre una vita frenetica e non pensarci? Qualcosa del ragionamento di Socrate non ha convinto i posteri... oppure essi non hanno avuto l'intelligenza di coglierlo. *Aut aut.*

Ripercorriamo la dicotomia socratica. Sia che la morte sia un precipitare nel nulla, sia che essa sia una trasmigrazione in un altro luogo, a Socrate non dispiacerà. Cominciamo dalla seconda via e chiediamoci: per quanto interessante possa essere incontrare e conversare con i defunti, quanto bello sarebbe farlo *per l'eternità*? Un "piccolo" tassello che pare non turbare il filosofo, che a dialogare veramente non si fermerebbe mai. Per quanto nobile l'intento, tuttavia, dobbiamo riconoscere che non si può fare qualcosa per sempre, senza annoiarsi e impazzire. Non è chiaro dunque in che senso questo destino possa essere tollerabile per le anime defunte.

Riguardo invece al "sonno senza sogni", certamente può essere un "gran guadagno" se confrontato con una vita di tormenti e dolori... o no? Si aprono qui le porte a un dilemma, d'ora in avanti il *dilemma della comparazione del nulla*: è meglio non percepire niente o percepire qualcosa di doloroso? È meglio il nulla o una vita infelice? Si potrebbe rispondere frettolosamente che, piuttosto che soffrire, meglio è non sentire nulla: ma quando si è sofferenti, almeno si *è*, si è vivi, si è qualcosa. Non essere niente non è doloroso, su questo siamo tutti d'accordo: ma chi vorrebbe, dopo aver letto questa riga, non essere niente? Essere nulla non è doloroso, eppure nessuno vorrebbe esserlo. Non è doloroso, ma è brutto, perché significa essere estromessi da tutto ciò che vive, significa non solo non percepire niente, ma anche non essere percepiti da niente e da nessuno. Una vita infelice non è desiderabile, certo, ma almeno è una vita, è pur sempre una possibilità giocata, almeno si sono viste delle albe e dei tramonti, la neve, il mare, a differenza di una stroncata sul nascere, o durante l'infanzia; è pur sempre preferibile a un'esistenza da insetto o verme. Fermo restando che l'assenza di vita non comporta alcun tipo di dolore, forse ci si può ritenere fortunati se, per un po' di anni, anziché non essere nulla come al solito, si fa l'esperienza di essere qualcosa.

La questione resta a mio avviso insolubile, e il motivo è il seguente: quando si fa una comparazione, bisogna che le parti comparate siano comparate in una medesima qualità. Per esempio, possiamo comparare delle cipolle e delle mele nella qualità del peso che entrambi possiedono, oppure in quella del colore. Vedremo allora, per esempio, che le cipolle sono più pesanti delle mele, o che le mele sono rosse mentre le cipolle bianche. Ora, non possiamo comparare una vita infelice con nessuna vita, poiché si tratta di cose completamente diverse, che non si assomigliano in niente, che non hanno qualità in comune. Sarebbe come voler comparare il peso di un'anguria e della speranza dei popoli in un futuro migliore, o il colore di un tavolo e quello dell'aria. Inoltre, se compariamo qualcosa con il nulla, non stiamo in realtà comparando nulla, poiché il nulla è, appunto, nulla. C'è un posto vuoto su un braccio della bilancia.

Oltre a incorrere nel dilemma della comparazione del nulla, trovo che vi sia un'ulteriore criticità nel discorso socratico. Mi chiedo, cioè, come facciano coloro che affermano con leggerezza che "tanto la morte è solo un sonno senza sogni" a non accorgersi che ciò non è affatto qualcosa di leggero, che questo destino è un'assoluta rinuncia a tutto ciò che si è raggiunto nella vita, a tutto ciò che si è costruito, a tutto ciò che si è scoperto, a tutte le persone che si sono conosciute, e in più alla possibilità di ripetere qualsiasi di queste esperienze nel futuro. Tutto è perduto. Morire, se è vero che la morte è un sonno senza sogni, significa che non mangeremo più una pizza dal cartone, che non accarezzeremo più il viso del nostro amato, che non guarderemo più gli occhi del nostro gattino, che non ascolteremo più musica, non annaffieremo più una pianta, che non sapremo mai cosa c'era scritto nei libri che non eravamo ancora riusciti a leggere, che l'Australia o l'Isola di Pasqua le abbiamo viste solo al computer, che non balleremo più un valzer, non suoneremo più una nota di flauto… Tutto ci viene portato via: è la rapina più brutale. Peggio di una rapina: ché almeno dopo quella c'è la possibilità di riguadagnare tutto. Peggio di un terremoto: ché almeno dopo quello c'è modo di ricostruire, seppur lentamente. Come diventare improvvisamente tetraplegici o cadere in un coma: ma che dico, peggio! Ché almeno in queste disgrazie si è forse cullati dai ricordi di quando si era in salute. La morte ci priva anche di questo conforto. Un sonno senza sogni sarà pure la fine di tutti i mali, ma lo è anche di tutti i beni. È cosa a me sconosciuta e a mio giudizio assai stolta, morire a cuor leggero e bere un bicchiere di cicuta come un bicchier d'acqua.

2

Epicuro

La vita e la morte non si incontrano mai

Una delle più celebri e influenti sfide intellettuali alla morte, conosciuta da ogni studente di filosofia, fu senza dubbio quella lanciata da Epicuro (341 a.E.C. - 270 a.E.C.). Filosofo greco e fondatore della scuola del "giardino", Epicuro istruiva i suoi discepoli all'arte del vivere bene, ritenendo di aver scoperto il segreto della felicità: essa non consisteva nell'abbandono al piacere sregolato, come lo accusavano e lo accusano ancor oggi i suoi detrattori improvvisati, bensì nel raggiungimento di una serenità d'animo, che certamente non può prescindere dalla soddisfazione dei bisogni essenziali dell'uomo[2].

Il filosofo elaborò il cosiddetto "quadrifarmaco", ovvero quattro ragionamenti in grado di demolire le quattro più grandi fonti d'ansia della vita. Ebbene, uno di questi riguarda proprio la paura della morte, che evidentemente era una piaga che affliggeva i greci come affligge noi oggi[3]. Leggiamo qualche passo dalla *Lettera a Meneceo*[4] in cui Epicuro spiega perché è da stupidi avere paura della morte.

---

[2] "Per questo noi riteniamo il piacere principio e fine della vita felice, perché lo abbiamo riconosciuto bene primo e a noi congenito. Ad esso ci ispiriamo per ogni atto di scelta o di rifiuto, e scegliamo ogni bene in base al sentimento del piacere e del dolore. Quando dunque diciamo che il bene è il piacere, non intendiamo il semplice piacere dei goderecci, come credono coloro che ignorano il nostro pensiero, o lo avversano, o lo interpretano male, ma quanto aiuta il corpo a non soffrire e l'animo a essere sereno".

[3] Ogni popolo di ogni tempo e luogo ha avuto paura della morte, ma ciascuno la affrontò in maniera diversa, elaborando soluzioni più o meno efficaci, in genere religioni e miti. Solo i popoli odierni, una volta che il progresso e la disillusione storica li hanno spogliati delle loro religioni e dei loro miti, si trovano improvvisamente ad affrontarla senza alcuna strategia definita, nel clima di una "crisi di spiritualità". *Ognuno sta solo sul cuor della terra, / trafitto da un raggio di sole: / ed è subito sera.*

[4] *Lettera a Meneceo,* https://www.ousia.it/content/Sezioni/Testi/EpicuroMeneceo.pdf

Poi abituati a pensare che la morte non costituisce nulla per noi, dal momento che il godere e il soffrire sono entrambi nel sentire, e la morte altro non è che la sua assenza. L'esatta coscienza che la morte non significa nulla per noi rende godibile la mortalità della vita, togliendo l'ingannevole desiderio dell'immortalità.

Non esiste nulla di terribile nella vita per chi davvero sappia che nulla c'è da temere nel non vivere più. Perciò è sciocco chi sostiene di aver paura della morte, non tanto perché il suo arrivo lo farà soffrire, ma in quanto l'affligge la sua continua attesa. Ciò che una volta presente non ci turba, stoltamente atteso ci fa impazzire. La morte, il più atroce dunque di tutti i mali, non esiste per noi. Quando noi viviamo la morte non c'è, quando c'è lei non ci siamo noi. Non è nulla né per i vivi né per i morti. Per i vivi non c'è, i morti non sono più. Invece la gente ora fugge la morte come il peggior male, ora la invoca come requie ai mali che vive.

Il vero saggio, come non gli dispiace vivere, così non teme di non vivere più. La vita per lui non è un male, né è un male il non vivere.

Il ragionamento è semplice e lineare: quando c'è la vita non c'è la morte, e quando c'è la morte non c'è più la vita. Noi non percepiremo mai la morte, perché appena essa sopraggiungerà, noi non ci saremo più. È dunque il termine "morte", se vogliamo dirla alla luce della futura filosofia del linguaggio, ad essere ingannevole: si dovrebbe dire "non vita", poiché la morte altro non è che l'assenza della vita. Siccome si deve aver paura di ciò che si incontra, perché temere ciò che non si incontrerà mai?

Ha senso temere il dolore, questo Epicuro lo riconosce, e uno dei quattro ragionamenti del quadrifarmaco riguarda proprio la paura di soffrire. Ma la morte non è un dolore, poiché il dolore si dà solo con la sensazione, e la morte è assenza di ogni sensazione. Spesso, cioè, pensiamo alla morte e la scongiuriamo come se ci stessimo riferendo a una catastrofe terribile, a un danno inquantificabile, quando invece sono soltanto gli attimi *precedenti alla morte* ad essere casomai dolorosi. Non dobbiamo stare in pena per i defunti, qualsiasi la loro età, qualsiasi il loro fato, poiché sono defunti, e non sentono più nulla. La morte ci fa impazzire solo in quanto l'attendiamo: dobbiamo imparare a non attenderla, a concentrarci sulla vita presente *hic et nunc*.

Anche chi corteggia la morte come un riposo da ogni affanno (come fece Socrate), sostiene Epicuro, non ha capito bene la questione: la morte non è nulla, e quindi né un dolore, né un piacere o un riposo ("Invece la gente ora fugge la morte come il peggior male, ora la invoca come requie ai mali che vive"). Per il vero saggio, il nulla non è un male: semplicemente, il nulla non è.

Chi ammonisce poi il giovane a vivere bene e il vecchio a ben morire è stolto non solo per la dolcezza che c'è sempre nella vita, anche da vecchi, ma perché una sola è l'arte del ben vivere e del ben morire.

Confutazione

Anche in questo caso, noi fifoni ne usciamo umiliati: secondo il filosofo del giardino siamo degli "sciocchi", perché temere la morte ha senso tanto quanto temere il lupo mannaro, il vampiro e tutto ciò che non incontreremo mai.

Il suo ragionamento è così semplice che viene da chiedersi come mai nessuno ci sia arrivato prima di lui, o come mai sia così difficile giungervi autonomamente, senza che si legga Epicuro. Egli dovrebbe essere il genio che, grazie a uno stratagemma, libera tutti i posteri dall'arcana paura della morte, una sorta di Gesù Cristo laico. Eppure, come dice Freud in *L'avvenire di un'illusione*, la gente continua ad essere terrorizzata dall'idea della fine, lo sarà ancora per molto tempo, e la prova più grande di ciò è il perdurare delle religioni.

Forse ciò che Epicuro aveva in mente non era abbattere la paura della morte dal cuore degli uomini in un sol colpo, ma teorizzare un mantra di autoconvincimento per scacciare quotidianamente questa paura, ogni qualvolta si presenti alla mente ("Medita giorno e notte tutte queste cose e altre congeneri, con te stesso e con chi ti è simile"). *Quando noi ci siamo, lei non c'è. Quando c'è lei, noi non ci siamo.* Un chiasmo in perfetto equilibrio che a prima vista sorprende, suscita anche ilarità, ma forse non resiste a una ponderazione più seria…

Noi non vedremo mai la morte. Certo, ma anche se non la vedremo, *sappiamo* che c'è! Sappiamo che la nostra vita non è infinita, ma ha una fine. Sappiamo che dovremo dire addio a tutto, oppure che tutto ci verrà portato via senza che potremo dire addio (delle due l'una, a seconda del tipo di morte). È questo che ci angoscia. E, se me lo si concede, anche l'idea di scomparire nel nulla, l'idea di non esserci più, angoscia e attanaglia il mio essere; il fatto che io non ci sarò più quando c'è la morte, dovrebbe essere una rassicurazione?

Se poi la morte per noi non esiste, ne consegue che dovremmo vivere in accordo con questa verità. Ma ciò è praticamente impossibile: chi non si adopera per evitare azioni spericolate, per gustare questa vita più che può, chi vive come se la morte non esistesse? "La morte non esiste, semplicemente la vita è limitata", replicherebbe Epicuro. Ma è proprio questo il punto: il fatto che la vita sia limitata ci costringe a pensare a quel limite, a sperare che sia nel punto più lontano possibile, a impazzire. Sostituire il concetto di morte con quello di limitatezza della vita è come rimpiazzare la cicuta con l'arsenico. L'autore di questo libro, e tantissime persone che egli conosce, non sono terrorizzate dal buio concetto di morte, ma dall'angusta e concreta, troppo concreta limitatezza della vita.

"In ogni uomo che muore muore con lui,
la sua prima neve, il primo bacio, la prima lotta.
Non muore la gente, ma muoiono i mondi dentro di
loro".
— Yevgeny Yevtushenko

"Ogni anziano che muore è paragonabile ad una
biblioteca che brucia".
— Amadou Hampaté Ba

Si pregano i lettori di fare attenzione a una
differenza. Non si vuole qui sostenere, come fece
Pascal, che una vita finita non possa essere bella,
ovvero che la vita abbia senso e bellezza soltanto
se infinita, ma soltanto che è terribile che essa sia
finita. È indesiderabile, cioè, sia che la vita sia
finita (in quanto angosciante), sia che sia infinita
(in quanto insopportabile).

Per me la vita è essere in cima a un monte, con
uno strapiombo dietro e uno davanti: sento le
vertigini del nulla eterno. Epicuro mi direbbe che
in realtà io da questo altopiano non cadrò mai, e
ha ragione: ma le vertigini si sentono lo stesso, e il
segreto per non sentirle è non guardare l'abisso,
dimenticarsi di esso (il che è impossibile). *Ciò che*

una volta presente non ci turba, stoltamente atteso ci fa impazzire. Perché impazzire per qualcosa che non ci turberà? La logica è ineccepibile, il cuore è malinconico. Non è corretto però dire che la morte "non ci turba": come già argomentato, è l'evento che ci spoglia di tutto, e non ci turba solo nel senso che ci priva di *ogni* sensazione, compresa quella del turbamento. Ma a ben vedere non temiamo tanto la morte perché ci potrebbe accadere qualcosa di brutto o doloroso (ché infatti anche chi non crede all'Inferno, non per questo smette di temerla), bensì, a maggior ragione, per tutto ciò che non accadrà più. Il farmaco epicureo sembra trattare la malattia solo a metà.

Vediamo dunque come il ragionamento di Epicuro si riduce a un gioco di prestigio linguistico, un gioco che ci può rallegrare per qualche minuto, ma che una volta chiuso il libro non può trattenere le tenebre della serietà che avanzano.

3

Rimarrà ciò che avrai fatto

"Una volta un vecchio amico mi disse qualcosa che mi
diede grande conforto. Una cosa che aveva letto.
Disse che Mozart, Beethoven e Chopin non sono mai morti.
Sono semplicemente diventati musica".
— Dr. Robert Ford, Westworld,
Season 1: The Bicameral Mind

La terza zolletta di zucchero per addolcire
l'amara tisana della morte è il ragionamento
secondo cui vi sia, nonostante la morte
dell'individuo, qualcosa a lui legato che perduri,
un lascito, un'eredità materiale, spirituale,
politica, e così via. Ecco perché è importante
nella vita fare qualcosa di grande, fondare

un'azienda, creare posti di lavoro, scrivere dei libri, inventare una nuova tecnologia, costruire un edificio, comporre una canzone. Pensiamo al detto *il senso della vita è lasciare questo mondo migliore di come lo abbiamo trovato*. L'idea è quella di lasciare un segno del nostro passaggio, per due ragioni:

1- Ciò che lasciamo in questo mondo porta con sé il ricordo di noi, cosicché ogni qualvolta qualcuno leggerà un nostro libro, o guarderà un nostro quadro, o lavorerà nella nostra azienda, egli possa ricordarci e pensare a noi, ravvivando la nostra memoria.

2- Indipendentemente dal ricordo di noi, c'è qualcosa di noi che sopravvive in ciò che lasciamo in questo mondo, qualcosa di concreto e oggettivo. In futuro nessuno potrebbe ricordarsi, ad esempio, che il parafulmine fu inventato da Benjamin Franklin; nondimeno, i parafulmini continueranno ad essere usati, a far parte del mondo, e non ci sarebbero se Benjamin Franklin non avesse mai vissuto. Quanti morti riportiamo in vita ogni volta che usiamo una bacinella di plastica, o che suoniamo un flauto traverso, o che danziamo il valzer! E anche senza rifarci ai grandi studiosi e inventori, il mondo senza di noi sarebbe diverso, anche solo per una pietra.

Ciò che dà senso alla morte sovente dà senso anche alla vita, e così, se la morte non cancella completamente tutti i segni della nostra esistenza, lasciare questi segni diventa lo scopo della vita. Riflettendo sulla morte, riflettiamo sulla vita.

"L'uso migliore della vita è spenderla per qualcosa che la superi".
—William James

"Vergognatevi di morire prima di aver fatto qualche conquista per l'umanità".
—Horace Mann

Ognuno deve lasciarsi qualcosa dietro quando muore, diceva sempre mio nonno: un bimbo o un libro o un quadro o una casa o un muro eretto con le proprie mani o un paio di scarpe cucite da noi. O un giardino piantato con il nostro sudore. Qualche cosa insomma che la nostra mano abbia toccato in modo che la nostra anima abbia dove andare quando moriamo, e quando la gente guarderà l'albero o il fiore che abbiamo piantato, noi si sia là.

— Ray Bradbury

Confutazione

In effetti, morire nel più bianco anonimato, essere dimenticati da tutti e non lasciare su questo pianeta alcuna impronta, non è un pensiero allettante. Per non usare eufemismi, è un pensiero che rende ancora più nero quello della morte. L'essere umano è il solo animale consapevole di morire, il solo in cui alberga il desiderio di dare un significato alla propria esistenza. Certamente vi è in molti uomini e donne una pressione inconscia a lavorare sodo, a farsi un nome, insomma, a combattere la nullità delle cose presenti e future.

Tuttavia, basta spostare il nostro sguardo appena un poco più in là per vedere, senza ombra di dubbio, come questo alla fine non conti assolutamente nulla. Anche ammesso che riusciamo a farci ricordare da qualcuno, quel qualcuno morirà a sua volta. Anche ammesso che riusciamo ad entrare negli annali della storia, la civiltà umana perirà, e se non lei, il pianeta in cui vive. È stimato che il sistema solare stesso durerà ancora 5 miliardi di anni, se non avvenga prima qualche incidente. Il Sole è una stella con un proprio ciclo di vita. Secondo una delle più probabili teorie astronomiche, tutta la materia evaporerà e l'Universo sarà buio per sempre. Tutti questi calcoli sono poi inutili se consideriamo che il pianeta Terra, con tutti i suoi intelligentissimi abitanti, potrebbe diventare una distesa di polvere fra dieci anni, quando armi nucleari saranno nelle grinfie di quegli uomini che credono che la loro religione sia più vera di tutte le altre, o che vogliono mostrare ai loro nemici di avere il missile più lungo.

Basta riconoscere questo per ridimensionare la portata di ogni ambizione umana. Io non so proprio di cosa parlino Omero, Teognide, Teocrito, Properzio, Orazio e Ovidio, quando riconoscono alla poesia il potere di immortalare delle gesta o dei personaggi, come se le pergamene e i libri stessi sui quali scrivevano non si sarebbero consumati dal tempo, come se non sarebbe bastata una scintilla perché tutto prendesse fuoco e incenerisse, come se tutte le civiltà del futuro si sarebbero interessate all'Iliade e all'Odissea. Sarà forse un'iperbole, quando parlano di *aeternitas*? Intendevano dire semplicemente che le opere scritte dureranno *più a lungo* del bronzo e del marmo e, dall'altra parte, che permettono la conoscenza di fatti avvenuti secoli prima? In quest'ultimo senso, mi troverei pienamente d'accordo, ma allora non si parla propriamente di immortalità, bensì di una maggiore permanenza nel tempo. Ma *tempus edax rerum*.

Dante scrisse che il suo maestro gli insegnò "come l'uom s'etterna" (*Inferno*, XV 85), ovvero come si rende eterno attraverso la scrittura. Devo ribadire fermamente che non si tratta altro che di un'illusione, sebbene io stesso, devo confessare, abbia scritto numerosi libri nutrito dalla speranza di essere ricordato a lungo. Nelle critiche ai sonetti di Shakespeare, in particolare il 18 e il 55, si legge spesso di come l'autore volesse trattare del potere immortale della poesia che sfugge al decadimento e dunque, dato che la poesia può celebrare la bellezza, e lo è essa stessa, dell'eternità della bellezza. In realtà, come possiamo leggere, nel sonetto 18 Shakespeare solo inizialmente punta su questo aspetto (Ma la tua eterna estate non dovrà svanire, / Né perder la bellezza che possiedi, / Né dovrà la morte farsi vanto che tu vaghi nella sua ombra, / Quando in eterni versi nel tempo tu crescerai), per poi ripiegare su una più fattibile e realistica prospettiva: "*Finché* uomini respireranno o occhi potran vedere, / Queste parole vivranno, e daranno vita a te".

Sonnet 18

Shall I compare thee to a summer's day?
Thou art more lovely and more temperate:
Rough winds do shake the darling buds of May,
And summer's lease hath all too short a date.

Sometime too hot the eye of heaven shines,
And often is his gold complexion dimmed;
And every fair from fair sometime declines,
By chance or nature's changing course untrimmed.

But thy eternal summer shall not fade,
Nor lose possession of that fair thou ow'st;
Nor shall death brag thou wander'st in his shade,
When in eternal lines to time thou grow'st:

So long as men can breathe, or eyes can see,
So long lives this, and this gives life to thee.

Sonetto 18

Dovrei paragonarti a un giorno d'estate?
Tu sei più amabile e più tranquillo.
Impetuosi venti scuotono le tenere gemme di Maggio,
E il corso dell'estate ha fin troppo presto una fine.

Talvolta troppo caldo splende l'occhio del cielo,
E spesso la sua pelle dorata s'oscura;
E ogni cosa bella la bellezza talora declina,
spogliata per caso o per il mutevole corso della natura.

Ma la tua eterna estate non dovrà svanire,
Né perder la bellezza che possiedi,
Né dovrà la morte farsi vanto che tu vaghi nella sua ombra,
Quando in eterni versi nel tempo tu crescerai:

Finché uomini respireranno o occhi potran vedere,
Queste parole vivranno, e daranno vita a te.

Nel sonetto 55 il sommo rappresentante della letteratura inglese afferma che la sua poesia durerà più a lungo di monumenti di marmo o di oro, che i suoi versi non saranno consunti dal tempo come lo è la pietra, né vulnerabili alle razzie. "Il ricordo eterno della tua memoria" è, a mio avviso, un errore di traduzione: l'originale dice "living record", "ricordo *vivente*". Negli ultimi due versi, come nel sonetto precedente, il poeta pone un limite alla presunta eternità della poesia: "sino al giudizio che ti farà risorgere".

Sonnet 55

Not marble nor the gilded monuments
Of princes shall outlive this powerful rhyme,
But you shall shine more bright in these contents
Than unswept stone besmeared with sluttish time.

When wasteful war shall statues overturn,
And broils root out the work of masonry,
Nor Mars his sword nor war's quick fire shall burn
The living record of your memory.

'Gainst death and all-oblivious enmity
Shall you pace forth; your praise shall still find room
Even in the eyes of all posterity
That wear this world out to the ending doom.

So, till the Judgement that yourself arise,
You live in this, and dwell in lovers' eyes.

Sonetto 55

Né marmo, né aurei monumenti di principi
sopravviveranno a questi possenti versi;
tu brillerai più luminoso in queste rime
che in polverosa pietra consunta dal lordo tempo.

Quando la distruttiva guerra travolgerà le statue
e ogni opera d'arte sarà rasa al suolo da sommosse
né la spada di Marte, né il suo divampante fuoco
cancelleranno il ricordo eterno della tua memoria.

Contro la morte ed ogni forza ostile dell'oblio
tu vivrai ancora: la tua gloria troverà sempre asilo
proprio negli occhi di ogni età futura
che trascinerà questo mondo alla condanna estrema.

Così, sino al giudizio che ti farà risorgere,
vivrai in questi versi e dimorerai in occhi amanti.

Hitler immaginava che, con le sue politiche di
purificazione razziale ed eugenetiche, sarebbe
sorto un giorno

un popolo di cittadini uniti fra loro e temprati da un amore e un orgoglio comuni, incrollabile e invincibile in eterno[5].

Sarebbe desiderabile sapere come egli avesse in mente di fare ciò. Qualsiasi progetto umano che pretenda di sollevarsi dal giogo del tempo è simile ai sogni che accarezza nella sua cella un condannato a morte, o all'intraprendenza di chi costruisce una casa a ridosso di un vulcano. Lasciare questo mondo migliore di come lo abbiamo trovato è nobile, ma questo mondo non durerà in eterno. Fare una scoperta scientifica è ammirevole, verrà un giorno in cui non ci sarà più nessun uomo a trarne vantaggio. Ciò non significa che queste cose siano senza valore, ben inteso. Io trovo solamente spropositato pretendere che ciò che facciamo ci sottragga al tempo, e l'immortalità e la fama intramontabile consolazioni mal riposte.

Nessuna nostra azione, nemmeno una, rimarrà per sempre. Consegue da ciò che verrà un tempo in cui di noi non rimarrà nulla, e in cui tutto ciò che abbiamo fatto non

---

[5] Adolf Hitler, *Mein Kampf - La mia battaglia*, Liberamente, 2017.

ci sarà più[6]. *Medita su questo e vedi quanta consolazione porta al tuo presente e al tuo futuro.*

Osserviamo anche che, una volta morti, noi non sapremo mai se qualcuno pensi a noi o ci ricordi, perché una volta morti tutto finisce per noi. Che in vita siamo stati buoni, o che invece abbiamo combinato delle malefatte per cui siamo degni di vergogna e maledizione, a noi non cambia assolutamente nulla, ché i morti né si compiacciono né si vergognano. La pressione sociale di lasciare un'eredità riguarda più le persone che rimangono che quelle che se ne vanno, e quelle che rimangono prima o poi se ne andranno a loro volta. Se io sapessi, per esempio, che per le mie azioni uno studente mi ammirerà, certo ne sarei entusiasta, e confesso che in un certo senso morirei forse con più piacere, o meglio, con meno dolore. Tuttavia, sapendo che anche questo studente come me finirà inghiottito dal nulla eterno, questa speranza non può che essere un contentino, affatto sufficiente a sostenere una vita, affatto sufficiente a scacciare la paura della morte. Le persone ben contente di

---

[6] Non dico "tutto ciò che abbiamo fatto non sarà servito a nulla", poiché ciò è diverso, ed è falso.

questo, mi fanno domandare: pensano forse che i posteri saranno immortali, dato che gioiscono così tanto? Cent'anni di ammirazione, e poi cosa? È tutto qui, ciò per cui si fatica giorno e notte? Io son ben contento di poter gettare una luce sulla vita di qualcuno: ma la mia, che fine fa?

Per questo, da qualche anno ho preso questa risoluzione. Non ha senso per me dedicare la mia vita ai posteri, poiché si tratterebbe di faticare ogni giorno e poi sparire nel nulla, sciupando l'occasione di godere della bellezza della vita. Non ha nemmeno senso, però, essere completamente ingrati nei confronti dei miei predecessori, che hanno reso agiata la mia vita. Farò dunque a metà.

Dedicherò alla ricerca non più di metà della mia vita, godendo nell'altra metà la fama e la ricchezza così guadagnate. Mi sembra già un compromesso più che generoso. Non posso vivere di frivolezza tutta la vita, perché grida in me la voce di una vocazione, ma non posso nemmeno vivere di studio tutta la vita, perché abita in me anche la voce della felicità. E se tutti gli uomini facessero lo stesso, il mondo tanto sarebbe migliore: ché la maggior parte non ne dedica nemmeno un quinto. Monumenti e celebrazioni mi farebbero onore, ma da morto non potrò goderne, e non è giusto pagare l'operaio solo quando va in pensione.

Ora, su quale metà debba io devolvere alla scienza, potrei pure affermare che sarà la seconda, quella che viene dopo il godimento della giovinezza, ché non avendo altre occupazioni a turbarla, anzi, essendo probabilmente noiosa, sarebbe volentieri disponibile al lavoro. Il problema è che nessuno è certo di arrivare a quella metà, nessuno sa quando muore: ed è un rischio che non mi posso permettere, che se dovessi morire prima di compiere il lavoro per cui sono nato, non me lo perdonerei mai. Inoltre, si dice che le intuizioni più geniali vengano partorite nell'età compresa tra i venti e i trent'anni. Io credo di aver già partorito la mia, e l'ultima cosa che vorrei è dimenticarla a forza di oziare. Allo stesso tempo però non è nemmeno giusto perdere il fiore della giovinezza per poi ritrovarmi libero nell'età in cui non potrò più godere appieno dei piaceri della vita. Devo cercare allora un compromesso.

(Dal mio *Diario*, 26 maggio 2022)

4

Vivere negli occhi degli altri

"La famiglia è uno stato che riceve autorità dalla noia, dalle convenienze e dalla paura di morir soli in casa."
—Leo Longanesi

La via più comune con cui "l'uom s'etterna", da prima ancora che egli evolvendo conoscesse la morte, è quella di mettere su famiglia. A detta di molti, nonostante tutti gli enormi sacrifici, avere dei figli è una delle più grandi gioie della vita, il non averli uno dei più grandi rimpianti della vecchiaia. Siamo programmati biologicamente per farlo: non soltanto perché abbiamo la pulsione sessuale, ma proprio perché, se non lo facciamo, percepiamo un certo vuoto esistenziale dentro di noi (non negando che esso si possa colmare anche in altro modo e che esso derivi in grande misura anche dalla pressione sociale). È cioè psicologicamente soddisfacente sapere di avere qualcuno in questo mondo di "nostro", sangue del nostro sangue, nei cui occhi sia possibile intravedere il riflesso di noi stessi.

- Simba: Conoscevi mio padre?
- Babbuino: Errore io conosco tuo padre.
- Simba: Beh mi spiace ma lui è morto.
- Babbuino: No lui è vivo invece e se vuoi ti porto da lui.
- Simba: Ma quello non è mio padre sono io riflesso nel lago.
- Babbuino: Guarda meglio, vedi lui vive in te[7].

Dal punto di vista pratico, poi, è soddisfacente pensare che le nostre abitudini e le nostre credenze verranno tramandate a una posterità, e che quella posterità le tramanderà a sua volta (anche se ciò succede molto meno frequentemente di quanto non si creda).

---

[7] *Il Re Leone*, Walt Disney Feature Animation, 1994.

Strano a credersi, ma gran parte di tutte le guerre e i conflitti politici furono fatti perché delle famiglie avevano piacere di prolungare i rami del proprio albero genealogico più di altre, che dovevano quindi essere soppiantate. Ecco il discorso del potente Tywin Lannister de *Il Trono di Spade* al figlio Jaime in cui rivela la sua ragione di vita.

Tua madre è morta e un giorno la seguirò, anche tu, tuo fratello e tua sorella e tutti i suoi figli. Moriremo tutti. Andremo tutti a marcire sotto terra. È il nome della famiglia che sopravvive. L'unica cosa che resiste. Non rimane nulla della tua gloria o del tuo onore... rimane la famiglia.[8]

Confutazione

È evidente che il soddisfacimento di una pulsione biologica e psicologica come quella della riproduzione, per quanto appagante, non possa reggere il contrappeso del nulla eterno che, inesorabile, arriva e sbalza via anche questa illusione come tutte le altre.

[8] *Il Trono di Spade*, Seconda Stagione, David Benioff e D. B. Weiss.

Noi possiamo fare dei figli, ma non è detto che questi figli si riproducano a loro volta, e in ogni caso, come già detto, la razza umana prima o poi si estinguerà. Non nego però che possa essere fonte di molta serenità il pensiero che per un paio di secoli abiterà nelle mie terre o nel mondo una famiglia che io ho formato, istruito e amato, che quando rovisterà nei cassetti della soffitta troverà la mia foto, che tramanderà le storie che io tramandavo a loro e inoltre la mia storia completa di finale. Ma se potessi scambiare questa serenità con dieci anni in più di vita, credo proprio che lo farei! Se potessi vivere cinquant'anni in più sapendo di non essere ricordato, credo proprio che lo vorrei! Perché cosa è meglio, mi dicano i sapienti: la presenza vera di me, in carne e ossa, o una muta e sbiadita fotografia? Oh, da quando ho scoperto che la vita è una sola, come ci sto aggrappato! Gli antichi si vergognerebbero di me, mi direbbero che avrei dovuto rotolare giù per il monte Taigeto, che mi manca la spina dorsale... loro che fremevano per dare significato alla vita con una buona morte.

Viene da chiedersi: è tutto qui? Il senso della vita, e quindi quello della morte, è dare alla luce più individui possibili accomunati da simili ricordi, beni e affetti? Questa, chiediamoci ancora una volta, basta come consolazione? Forse non è molto, ma è il massimo che si possa fare, il più grande argine contro il tumultuoso fiume dell'annichilimento.

5

Rimarrai nelle altre persone

"L'eredità non è lasciare qualcosa alle persone.
È lasciare qualcosa nelle persone".
—Peter Strople

"La tua storia è la più grande eredità che lascerai ai tuoi amici. È l'eredità più duratura che lascerai ai tuoi eredi".
—Steve Saint

"Se io muoio non piangere per me, fai quello che facevo io e continuerò vivendo in te".
—Che Guevara

Il legame di sangue non è l'unico modo in cui qualcosa di noi possa rimanere negli altri. Dentro di noi vive la voce e il ricordo di tanti amici, incontri casuali, colleghi di lavoro, maestri, parrucchieri, e anche quando una relazione non si è impressa così vividamente in noi, essa potrebbe aver contribuito a renderci ciò che siamo. Si potrebbe anche sostenere che tutto ciò che ci è accaduto e tutto ciò che non ci è accaduto ha contribuito alla costruzione di noi stessi, dei nostri comportamenti, delle nostre credenze e sentimenti. Anche quando rifiutiamo che ci accada qualcosa, o rifiutiamo di avere a che fare con qualcuno, questo nostro rifiuto avrà conseguenze sulla nostra caratterizzazione. Noi riconosciamo a certe persone il merito di averci insegnato qualcosa, o di averci resi in un certo modo, ma ciò che riconosciamo consciamente è solo la punta dell'iceberg di tutte le influenze esperite.

È il cosiddetto "effetto farfalla", o "effetto domino": un evento banale, come trovare una mattina il traffico rallentato a causa di un incidente, può avere illimitate conseguenze concatenanti, come il nostro malumore, lo scoppio di un litigio con il partner e così via. Consegue da ciò che le nostre azioni e le nostre scelte comportano il cambiamento del mondo in cui vivono gli altri e dunque il cambiamento della possibilità delle loro scelte nel mondo. Consegue da ciò che noi lasciamo questo pianeta diverso da come l'abbiamo trovato, e che il nostro impatto, seppure in una maniera indiretta e affatto chiaramente riconducibile a noi, avrà conseguenze di lunga portata e potenzialmente eterne. Anche il signore più anonimo e pacato del paesino più dimenticato da Dio, per esempio, non eserciterà probabilmente alcuna influenza sull'andamento delle guerre in Medio Oriente, ma contribuisce con la sua stufa al surriscaldamento globale. Non è da dimenticare, poi, che noi stessi siamo un Universo per i microorganismi che ospitiamo nel nostro corpo e la cui esistenza è interamente dipendente dalla nostra (come i *Demodex*, acari che vivono sul nostro viso e che si nutrono del sebo della nostra pelle): non si tiene mai conto di questo, come se fosse un assioma geometrico che la percezione di un uomo conta più di quella di un batterio.

Deriva da questa presunta consolazione la massima di fare del bene, nella vita, ovunque si vada, di essere gentili con chiunque si incontri, di portare bellezza nel mondo, affinché vi riverberi qualcosa di positivo. Prescindendo da un modello etico, può anche trasmettersi una certa impostazione di lavoro, un metodo, un modo di fare le cose o risolvere i problemi, un atteggiamento contagioso, una tecnica di artigianato, una visione politica. E così consola molto gli insegnanti il pensiero che, dopo la loro fine, rimarrà nei loro alunni ciò che fu loro trasmesso, e in uno su cento lo stile di dialogare e di insegnare. Potremmo non ricordare più cosa disse Christopher Hitchens, tutti i suoi video sul web e i suoi libri cartacei potrebbero lentamente scomparire dalla circolazione, ma non guarderemo più i crimini della Chiesa cattolica con accondiscendenza e mitezza come facevamo prima. Quando portiamo la torcia nella staffetta, l'importante è passarla a chi viene dopo di noi, più che gridare il nostro nome nell'oscurità.

Io considero Havelock Ellis come un padre, sono molto contento che decise di dedicare la sua vita alla scrittura degli *Studi sulla psicologia del sesso*, e sarei disperato se non l'avesse fatto (chissà quanto più orribile ancora sarebbe il mondo se lui non vi avesse mai gettato quel faro di luce). Nella mia vita mi adopero perché ci si ricordi della sua, e in tutto ciò che faccio e in tutto ciò che dico, mi piace pensare che lui vive in me. Quando dico agli adolescenti che non c'è nulla di vergognoso nel cercare il piacere, quando scelgo di non punire un bambino per un uso veritiero del linguaggio, quando racconto le mie giornate agli amici senza morbose censure, quando capto in qualcuno il gusto per la sofferenza e la repressione e le mie budella si contorcono, lui, e tutto ciò che fu in lui fonte di ispirazione e illuminismo sessuale, vive in me. Vivono in me anche tutte le persone che vivevano in Havelock Ellis, che hanno contribuito in qualche modo al risultato finale dei suoi *Studies*. Per esempio, una parte del padre di Ellis viveva in lui, e se in me vive una parte di Ellis, vive in me per conseguenza anche una parte di suo padre; chi mi conoscerà, o verrà ispirato dai miei libri, porterà con sé non solo una parte di me, ma anche di tutte quelle persone che vivevano in me, come Ellis e suo padre, e così all'infinito è il telefono senza fili della storia. L'uomo è veramente la somma di tutti i suoi antenati.

Non possiamo con quest'opera sperare di trovare un'antica gemma che strofinata distrugga per sempre la paura della morte, ché anzi lo scopo di questo libro è esattamente il contrario, dimostrare che queste gemme in commercio sono tutte contraffatte. Ciò che possiamo trovare, però, è la zolletta di zucchero più dolce, il miele migliore per addolcire l'amaro della cicuta.

Confutazione

Questo argomento è forse proprio il miele che stiamo cercando. Ci si può accontentare di questa imprevedibile influenza su cui è difficile esercitare un controllo da vivi, impossibile da morti, ben consapevoli però che essa è ben poco di fronte al nulla eterno, che tutti questi nodi un giorno arriveranno al pettine.

6

L'importante è
non avere rimpianti

"Le persone che vivono intensamente
non hanno paura della morte".
—Anaïs Nin

"Sì come una giornata bene spesa dà lieto dormire,
così una vita bene usata dà lieto morire".
— Leonardo Da Vinci

"Mentre percorri il cammino della vita devi sentire il
profumo delle rose, perché ti è stato concesso di giocare
una sola partita".
— Ben Hogan

Che situazione da incubo, ritrovarsi sul letto di morte a ripensare alla propria vita, ai propri errori, alle cose non dette e a quelle non fatte, con la certezza che ormai il tempo è scaduto, che ci si doveva pensare prima, che quel che è fatto è fatto, vero? Ecco perché, secondo alcuni, la morte fa paura solo a chi ha rimpianti, mentre chi non li ha se ne va da questo mondo con un sorriso stampato in volto. "Non bisogna temere la morte se si è vissuti nella virtù", dicevano gli antichi.

Consegue da ciò:

1- In primo luogo, che dobbiamo vivere al massimo, combattere l'inerzia e la vergogna, esplorare questo mondo e i suoi sapori, proprio perché verrà un giorno in cui non potremo più farlo.

2- In secondo luogo, al contrario, che non dobbiamo fare nulla le cui conseguenze possano farcene, un giorno, pentire. È bene pensare a sufficienza prima di compiere un'azione, riflettere su come essa ci farà sentire a lungo andare.

Confutazione

Quella di questo capitolo, sebbene sia un valido principio guida della vita, è una delle consolazioni più fasulle che si possano chiamare in causa. Risulta evidente, infatti, che l'avere o no rimpianti al massimo rende più godibile *l'ultimo tratto della vita*, e non la morte. I morti non hanno, come già detto, né rimpianti né compiacimenti riguardo alle cose della vita. Dobbiamo smetterla di immaginare, su una nuvoletta fluttuante nel cielo, un vecchietto che passa in rassegna tutti i ricordi della propria vita e che si duole in cuor suo per i suoi rimpianti e si rallegra per i suoi meriti; o ancora peggio, uno che scruta costantemente il pianeta Terra per controllare se i suoi figli abbiano rispettato o meno il suo testamento, e abbiamo tramandato o meno ai nipoti il corretto modo di cuocere un uovo, sprofondando in sospiri delusi o accennando sorrisi serafici a seconda del riscontro.

Sono d'accordissimo che bisogna vivere al massimo: ma non mi si fondi questa massima su una presunta ricompensa futura, quella della buona morte (che analizzeremo più nel dettaglio nel prossimo capitolo), né tantomeno su quella presente della distruzione dell'angoscia esistenziale. Semplicemente, non basta. Ogni uomo e ogni donna incontreranno lo stesso destino, senza differenza di trattamento (nella prospettiva laica) tra chi è infestato da rimorsi, chi è leggero come una piuma e chi avendo contratto l'Alzheimer non ha la più pallida idea di cosa abbia fatto in vita. Non prendiamoci troppo sul serio. Sono ben contento di cercare di non trascinarmi rimpianti che disturbino la mia vecchiaia: ma anche se fallissi, non sarebbe una tragedia, ché il tempo di qualche rivoluzione solare attorno alla Terra e il mio lamento presto si ammutolirebbe.

7

Sul ben morire

"Più dolce sarebbe la morte se il mio sguardo avesse
come ultimo orizzonte il tuo volto,
e se così fosse... mille volte vorrei nascere
per mille volte ancor morire."
— William Shakespeare, *Amleto*.

Come ci preoccupiamo di vivere bene, di mangiare bene, di lavorare bene, così, sostengono alcuni, dovremmo preoccuparci di morire bene. Esistono brutte e belle morti. Dovremmo cercare di dare una bella morte alle persone che amiamo. Nella poltrona di casa, circondati dai nostri familiari e animali domestici, guardando il sole tramontare all'orizzonte dalla finestra della cucina, respirando per l'ultima volta il profumo di un fiore... o soli, in un letto di ospedale, in una notte di sudore, con il mormorio dei macchinari che ci alimentano... chi mai non vorrebbe poter scegliere? O ancora, improvvisamente, per un infarto mentre il nostro turno in fabbrica è quasi terminato e stavamo proprio per prendere in mano il cartellino da timbrare... o per una curva presa troppo spudoratamente in moto... una morte senza preavviso, insomma, a molti non dispiacerebbe, ma che dolore partire così all'improvviso, senza salutare niente e nessuno! E che ingiustizia quando ad un uomo viene profanata l'ora della sua morte, per esempio, quando un padre nel letto di morte deve vedere i suoi figli litigare! Si ha l'impressione, qui come nelle situazioni precedenti, che ciò che capita all'individuo nel periodo o negli attimi precedenti al decesso si imprimerà in lui per sempre. La morte traumatica di uno schianto in moto potrebbe benissimo, in realtà, aver causato pochissimi attimi di vera sofferenza al malcapitato, eppure vedere il cadavere sfregiato è uno strazio per i parenti; viceversa, una morte più lenta e anticipata potrebbe consistere in una maggiore sofferenza, nonostante ogni conforto, ma sembra che una dipartita in questa calma assicurerà un viaggio all'oltretomba altrettanto sereno. Si trattano dunque i morenti come i bambini: si nasconde loro tutto ciò che è brutto, gli si piazza davanti tutto ciò che può servire a distrarli.

Confutazione

Non esiste alcuna "buona morte", nel senso che le morti sono tutte uguali: cadute libere nel precipizio del nulla. Non importa cosa si indossa o quanto contenti si è o di chi è la mano che si stringe: un brusco e fatale risucchiamento, e il re della Terra è reso uguale all'ultimo schiavo (la morte è democratica). Tutto ciò che si può fare è rendere meno spiacevole la parte della vita che *precede* il decesso, su questo non c'è alcun dubbio, e sarei disposto a spendere decine di migliaia di euro per assicurarmi tale trattamento, ché ho tanta paura del dolore e della solitudine. Ma se non ci riuscissi, di nuovo, nulla cambierebbe per la morte vera e propria: attimi di agonia solitaria, questa è tutta la differenza. Attimi di agonia solitaria, sono così insopportabili dinanzi all'infinità del nulla? Non abbiamo forse sopportato nella nostra vita mali peggiori e più duraturi? E questi parenti e amici che con tanta solerzia ci piace radunare attorno al nostro letto o poltrona o sdraio di morte: cosa possono mai dire, questi poveretti, per consolarci di ciò che sta inesorabilmente per accadere? Possiamo forse portarceli con noi? È forse il precipitare in un dirupo meno duro se anziché un calcio per perdere l'equilibrio riceviamo una spintarella amorevole?

Si potrebbe argomentare che vedere le cose che amiamo intorno a noi farsi sempre più lontane rende la morte ancora più dura, e che meglio sarebbe schiantarsi su un tronco per aver confuso l'acceleratore con il freno.

"A me la morte mi fa morire di paura perché morendo si lasciano troppe cose che poi non si vedranno mai più: gli amici, quelli della famiglia, i fiori dei viali che hanno quell'odore e tutta la gente che ho incontrato anche una sola volta".
— Tonino Guerra

"A me la morte fa una gran paura, si lasciano troppi sorrisi, troppe mani, troppi occhi".

— Augusto Daolio

Vedere i propri figli litigare nella nostra ultima ora, cosa avrebbe di diverso dal vederli fare ciò in un qualsiasi altro momento della vita? Ammettiamo che questa vista sia particolarmente dolorosa per un genitore, ammettiamo pure che per qualche giorno tale genitore si senta un fallimento, o semplicemente deluso dai figli. Perché questo momento dovrebbe soppiantare tutti gli altri in cui invece si è condivisa della gioia e dell'armonia? Il ricordo della felicità non è meno vero se non trova più riscontro nel presente. Da vecchi possiamo pure impazzire, perdere la memoria o diventare scorbutici, senza per questo che si cancelli ciò che di bello e di buono e di sensato facemmo in gioventù. Ciò che viene dopo non è più importante di ciò che viene prima soltanto perché viene dopo.

La credenza della necessità del "ben morire" affonda le sue radici nelle civiltà antiche e addirittura nel nostro passato primitivo. Fu l'*homo sapiens*, circa 200.000 anni fa, il primo a preoccuparsi che i morti ricevessero una sepoltura. Per i Greci la negazione di una sepoltura era un'abominazione, dato che in questo modo il fantasma del morto avrebbe vagato senza sosta a tormentare i vivi. Pensiamo alla pratica tutt'oggi canonica di chiudere gli occhi del defunto in segno di rispetto, quasi come se giacere due metri sotto terra con gli occhi aperti fosse più spiacevole. In ultima analisi, il dovere inconscio di dare ai nostri cari una buona morte, più che con i defunti, ha a che fare con un'esigenza dei vivi.

8

Che la terra ti sia lieve

Si può condurre l'esistenza più laica, senza mai andare a messa, consultare un oroscopo o spargere il sale se si rovescia la saliera a tavola, e arrivati a dover omaggiare un defunto ci si può sorprendere a pronunciare formule dal contenuto vago quali: "Fai buon viaggio, amica mia", "Che la terra ti sia lieve", "Ci vediamo presto", "Guardaci da lassù", "Ora brilli con le stelle", e chi più ne ha più ne metta. Di fronte alla più grande delle disgrazie, cioè, l'intenzione è quella di salvare il salvabile, di rifugiarsi in un'immagine confortevole, dato che a nessuno fa piacere immaginare, mentre si beve un tè o si va alla sagra del paese, che un proprio caro sia chiuso in una scatola buia due metri sotto terra, con i vermi che gli strisciano nella carne e il marcio che si stacca dallo scheletro emergente in un tanfo inimmaginabile.

Confutazione

Mi duole sentirmi come il Grinch che ruba i regali di Natale, ma è facile riconoscere l'irrazionalità di queste espressioni dal solo valore estetico, di chiara matrice religiosa, diffuse, in un tempo sempre più spoglio delle illusioni religiose come il nostro, unicamente perché anche i non credenti furono istruiti da credenti in ambienti per credenti, vale a dire, perché la cultura cattolica del nostro paese permea tutto, anche ciò che non si definisce tale o che se ne definisce antagonista.

La morte da sempre è quell'evento che ammutolisce l'uomo; di conseguenza, egli si decise a parlarne più di tutto, e inventò il discorso più lungo, la religione: una grande pezza che copre un grande buco. Essa ha sempre accarezzato le spalle degli uomini nel dramma della morte, e inoltre ha dotato alcuni uomini, specialmente i sacerdoti, del potere di consolarne attivamente altri. Ecco che possiamo inquadrare queste espressioni apparentemente laiche come retaggi della religione, come teologia spogliata dei nomi propri.

Pipino: non credevo sarebbe finita così...
Gandalf: "Finita? No, il viaggio non finisce qui...la morte è soltanto un'altra via. Dovremo prenderla tutti. La grande cortina di pioggia di questo mondo si apre, e tutto si trasforma in vetro argentato. E poi lo vedi...".
Pipino: "Cosa, Gandalf? Vedi cosa?"
Gandalf: "Bianche sponde e al di là di queste, un verde paesaggio sotto una lesta aurora".
Pipino: "Beh, non é così male!"
Gandalf: "No. Non lo è...".[9]

Meravigliosa l'immagine di Tolkien... ma dobbiamo chiederci quante probabilità ci siano che la morte sia "una via". La morte non è un viaggio. La morte non è una salita verso il cielo (semmai il contrario). I vivi non rivedranno più il defunto (dove dovrebbero vederlo?). Il defunto

---

[9] *Il Signore degli Anelli - Il Ritorno del Re*, Peter Jackson, 2003.

non potrà guardare i vivi da nessun posto. Il defunto non brillerà come le stelle: pur essendo vero che noi siamo fatti della materia delle stelle, potremmo benissimo decomporci e diventare concime, e anche se gran parte dei nostri atomi riuscissero, in qualche modo, a unirsi a una stella, si potrebbe ancora parlare dell'identità unita di quell'individuo?

False consolazioni, che disprezzo con una particolare veemenza perché ammiccano al cristianesimo e intridono l'uomo di un'ipocrisia ripugnante. Non siamo stupidi. Non siamo bambini. Perché continuiamo ad usarle?

9

Muori per una causa e non avrai vissuto invano

"Mi chiedi: Per quale scopo ti fai un amico?
Per avere uno per cui poter morire,
per avere uno da seguire in esilio, alla cui morte io possa
oppormi con tutte le mie forze".
— Seneca

Non possiamo non riconoscere che, nel corso della storia e sino ai nostri tempi, vi siano stati degli uomini che non soltanto non temevano la morte, bensì che le corsero incontro per amore di un fine superiore. Pensiamo ai martiri cristiani, che accorciarono la loro vita per allungare quella del cristianesimo, dei martiri musulmani e di quelli di ogni religione, al comunismo, alla Rivoluzione Francese, a quella delle Suffragette e così via. Il discorso è simile a quello dei capitoli 3 e 5, con la differenza che qui non è tanto la vita quanto proprio la morte stessa a diventare una forza di influenza e ad assumere un significato particolare. È la morte che dà significato alla vita. Cosa avrà mai pensato, per esempio, l'attivista quarantunenne inglese Emily Davison prima di gettarsi, durante il Derby di Epsom del 1913, addosso al cavallo da corsa di Re Giorgio V? Forse, che la sua vita poteva essere impiegata per una causa più importante e gloriosa di ogni altro possibile piano egoistico: quella di accendere nel Regno Unito la consapevolezza che le donne hanno diritto al voto. "Io scomparirò, ma coloro che verranno dopo di me avranno una vita migliore".

Confutazione

Si tratta a mio avviso di un gesto nobilissimo, del più nobile di cui sia capace un mortale. Mi trovo quindi in leggero disaccordo con la celebre idea di Gesù, secondo cui non c'è amore più grande che dare la vita per i propri amici. Un rivoluzionario dà la vita in generale per l'umanità futura, senza distinguere tra amici e non amici, egli migliora la vita di tutti coloro che verranno. Questo gesto dona significato alla morte e, ad uno sguardo più alto, alla vita stessa; ma donare significato non significa risolvere il risucchiante problema del nulla. Io posso essere felice di dare un significato alla mia morte con il gesto estremo: ma godrò di questa felicità solo dal momento in cui lo pianifico al momento in cui lo compio. Il vile, il nobile, il rivoluzionario, il poltrone, il ciarlatano, il codardo, l'audace: ecco, un po' di brivido, una manciata di applausi o di pomodori, e poi la falce della signora in nero che tutto pareggia.

Finora poi abbiamo sempre descritto la commemorazione come un tributo sterile d'errore, come se non potesse mai accadere che la reputazione di un defunto venga infangata da false dicerie (si veda Nerone, accusato di aver dato fuoco a Roma per ormai due millenni), o come se ciò che si è predicato durante la vita si conservasse immacolato da imprecisioni e fraintendimenti (si veda tutto ciò che oggi viene messo in bocca a Freud), o come se il magistrale ed encomiabile lavoro di una vita non potesse venir dimenticato da una generazione ingrata (si veda il caso di Havelock Ellis). Non si è più vivi per difendersi: a questo pensiero viene veramente voglia di chiudersi nel nichilismo. Sulla nostra eredità, come già detto, abbiamo meno potere di quanto pensiamo: essa non può dunque essere il perno del discorso sul conforto. Perorare una causa, poi, che per esempio migliori la vita degli altri, non è di per sé un valido argomento per dimostrare, nell'universo delle cose, l'importanza della nostra. La loro vita non dà senso alla nostra: se essa stessa ne è priva, come fa a darglielo? La mia vita fu importante perché rese possibile quella di molti: ma la vita di questi molti, a cosa servì? Prefiguriamo quindi una concatenazione infinita di motori mobili, sino a giungere, aristotelicamente parlando, ad un ultimo non motore mobile? Una concatenazione di creditori, che giungerà un giorno a un ultimo debitore che salderà il conto?

Forse Seneca aveva ragione: occorre dare significato alla vita mediante la morte; ma la morte in sé un significato non ce l'ha. A ben vedere, il sacrificio estremo è un atto che rientra comunque nel periodo della vita, il suo ultimissimo momento, cosicché è la vita che dà significato alla vita, quando è prossima alla fine. Ora, grazie a questo sacrificio non ho vissuto invano: e dunque? Anche ammesso che ciò sia possibile: che me ne viene?

10

La vita è bella perché è una

> "Credo che quando morirò il mio corpo si decomporrà, e nulla del mio io sopravvivrà. Non sono giovane, e amo la vita, ma disprezzo il terrore dell'annichilimento. La felicità non è meno vera solo perché finisce, e nemmeno il pensiero e l'amore perdono valore perché non sono eterni".
> — Bertrand Russell

Abbiamo già accennato a questo tentativo di risolvere la questione: se la vita fosse infinita, la prenderemmo in noia, impazziremmo, non sapremmo più che farcene; se la vita non finisse mai, niente avrebbe significato, perché sarebbe ripetibile all'infinito; il bello della vita è che finisce, e dunque, che è nelle nostre mani il potere di decidere come spendere il tempo che abbiamo. Se avessimo a disposizione un tempo illimitato, apprezzeremmo allo stesso modo il regalo di un'ora della compagnia di qualcuno? La fanciullezza, l'età adulta e la vecchiaia si appiattirebbero insieme, la vita perderebbe di profondità, perché la saggezza consiste nel riconoscere che era meglio fare ciò che non si è fatto. Ogni azione perderebbe di gusto per il pensiero che si potrà ripeterla all'infinito: la nascita di un figlio o un nipote, il matrimonio, la stretta di una preziosa amicizia, sono eventi unici della vita che dovrebbero rimanere tali. Una giornata ha un mattino eccitante, un pomeriggio laborioso e una sera rilassante: una vita senza fine è come delle intramontabili due del pomeriggio. E che razza di gioco è, quello in cui nessuno perde, perché tutti possono riprovare sempre a vincere?

A ben vedere, questo è vero per ogni cosa: ero ancora bambino quando espressi il desiderio di mangiare ogni sera la pizza fatta in casa da mia madre con quel profumo inebriante che saliva fino al primo piano e mi raggiungeva in camera. Ma avendo avuto l'occasione di mangiarne per tre volte di fila, notai che cominciavo ad apprezzarla sempre di meno, e così approdai al pensiero che le cose più belle sono belle appunto perché rare e desiderate, e finite rinnovano il loro desiderio. Se mangiassi ogni sera pizza, dopo due settimane ce l'avrei in odio, pur trattandosi della medesima pizza uguale alla prima in tutto e per tutto. Lo stesso sarebbe accaduto, pensai, vivendo ogni giorno in un parco divertimenti, o andando ogni giorno al cinema, o ricevendo ogni giorno un dinosauro nuovo.

Molti hanno riconosciuto che questo era il punto di forza degli antichi, ancora vergini dall'escatologia cristiana: la vita aveva senso perché era finita. Parmenide, uno dei primi filosofi, così descriveva l'Essere: ingenerato e incorruttibile, omogeneo, immobile, indivisibile, *finito*. Un Essere infinito, infatti, sarebbe stato imperfetto. Occorreva scegliere bene cosa fare della propria vita, ma non nell'ottica di una vita ultraterrena, bensì di quella stessa. Aggiungiamo a questo anche il fatto che per i cristiani tutto è perdonabile: una menzogna in tribunale, il tradimento di un alleato, il maltrattamento di uno schiavo o di una moglie, il furto, la diserzione, l'omicidio: tutto, se confessato con pentimento, è perdonabile dall'istituzione della Chiesa Cattolica e da Dio. È sempre possibile tornare sui propri passi, nulla ti segna una volta per tutte. Ecco, gli antichi non credevano in nulla di tutto questo, stavano ben attenti prima di fare una scelta, e quando la facevano, dicevano "Alea iacta est" e ci mettevano tutto loro stessi, e se sbagliavano accettavano le conseguenze del proprio errore. Nessuna spasmodica attesa di una promessa beatitudine eterna, nessuna genuflessione contrita per scampare da un castigo senza fine: e la vita *acquisiva* senso, poiché ogni azione si sarebbe ripercossa su essa stessa, in termini di onore o disonore, ricchezza o povertà, prestigio o decadenza, e nulla vi era all'infuori o dopo di essa.

Confutazione

Tutto ciò sinora detto è ineccepibile: solo, non si capisce in che modo la constatazione dell'assurdità di una vita infinita dovrebbe soccorrerci dall'assurdità di una finita, da ciò che per Pirandello era "il pensiero più fastidioso e più affliggente che si possa avere".

Il pensiero che la vita è una sola, poi, può essere usato per argomentare l'importanza della vita come la sua completa irrilevanza.

"La morte intacca la nostra fiducia nella vita mostrandoci che, in fin dei conti, tutto è ugualmente futile se visto in rapporto alle tenebre che ci attendono."
— Fred Uhlman

Vale a dire, il fatto che l'unica vita sia questa, certamente le conferisce importanza; il fatto che questa finisca, certamente gliela sottrae, non in rapporto a se stessa (ogni sorriso, ogni lacrima, ogni scoperta, ogni invenzione, ogni bacio, ogni profumo, non perdono il loro valore solo perché finiscono) ma in rapporto all'eredità (ogni traccia che lasciamo in questo mondo, come abbiamo visto, svanisce presto, e se non svanisce presto perde il legame con la nostra persona, e in ogni caso prima o poi finirà con l'Universo). La nostra vita è l'unica cosa su cui abbiamo (parzialmente) il controllo: ma è come una fiera barchetta in un oceano, presto inghiottita dagli abissi.

Carpe diem, mi ammonirebbero gli antichi: cogli l'attimo, goditi il presente. Ma il problema è proprio questo: più godo, e più penso a quando non potrò godere più, a quando mi sarà portato via tutto senza il mio consenso. Più esploro la vita, più me ne affeziono, e più temo di perderla.

"Se ti affezioni ad una pentola, pur sapendo che è di terracotta, non ti lamentare se si rompe. Nello stesso modo, quando baci tua moglie o tuo figlio, dì sempre a te stesso "sto baciando un mortale", affinché, se poi muoiono, tu non abbia a turbarti."
— Epitteto

La soluzione forse consiste nell'approdare a una nuova concezione della vita: uno stoico affetto, consapevole e distaccato, si perdoni l'ossimoro. La capacità di godere delle cose della vita nella loro finitezza, sapendone accettare la non infinita riesperibilità. Una preparazione alla morte che vivifica la vita. Questo può essere forse raggiungibile, sebbene temo comporti un certo invecchiamento dell'individuo, un allontanamento e dal suo stato giovanile e dal suo stato animale. Un cane assetato, quando beve, scodinzola ed è contento di vivere: la sua gioia è istintiva, non si pone problemi leopardiani, se tale godimento sarà sempre disponibile, se ci sarà un tempo in cui non gusterà più il piacere del dissetamento. Lo stesso fa un bambino, che non si chiede né se la sua felicità sia finita né se sia infinita: è felice e basta, senza grandi programmi. L'uomo invece, scoperta la finitezza della sua felicità, cerca di non pensarci; solo da vecchio percepisce pienamente il muro che sta alle sue spalle, che da giovane sembrava così lontano e astratto, oppure quando da adulto il suo corpo comincia a deperire, e perdendo i suoi genitori, si sente così il "prossimo della lista": ed ecco che impara ogni giorno a morire, i suoi affetti si fanno più distaccati e piano piano la luce nei suoi occhi si affievolisce.

La serenità e la vitalità della nostra giovinezza derivano in parte dal fatto che procedendo in salita non vediamo la morte, perché questa è ai piedi dell'altro versante.
— Arthur Schopenhauer

Un'altra considerazione sul *carpe diem*, che esula un po' dalla nostra questione (il senso della vita e la paura della morte sono due questioni comunicanti, ma diverse). Molti dicono "Vivi ogni giorno come se fosse l'ultimo", spronando a scaricare dalla mente le preoccupazioni per il futuro incerto, i complicati e interminabili progetti, che finito uno subito ne subentra un altro, in un'ansia senza fine. Questo atteggiamento viene, prima ancora che dall'oriente, dalla filosofia greca e poi romana.

"Vivete come se doveste vivere per sempre, mai vi viene in mente la vostra caducità, non prestate attenzione a quanto tempo è già trascorso. Lo disperdete come provenisse da una fonte rigogliosa e inesauribile, benché nel frattempo proprio il giorno che è da voi donato a qualche uomo o attività sia forse l'ultimo. Ogni cosa temete come mortali, ogni cosa desiderate come immortali."
— Seneca

L'uomo fa progetti, e spesso la natura, o altri uomini, in generale la vita, glieli spazza via senza chiedere scusa. Sulla stessa lunghezza d'onda fu Gesù con le sue parabole: ovviamente, per un altro motivo, ovvero che l'uomo doveva pensare solo a Dio, e che in ogni caso la fine del mondo era prossima.

Ed egli disse loro una parabola: «La tenuta di un uomo ricco diede un abbondante raccolto; ed egli ragionava fra sé dicendo: "Che farò, perché non ho posto dove riporre i miei raccolti?". E disse: "Questo farò, demolirò i miei granai e ne costruirò di più grandi, dove riporrò tutti i miei raccolti e i miei beni, poi dirò all'anima mia: Anima, tu hai molti beni riposti per molti anni; riposati, mangia, bevi e godi. Ma Dio gli disse: "Stolto, questa stessa notte l'anima tua ti sarà ridomandata e di chi saranno le cose che tu hai preparato?". Così avviene a chi accumula tesori per sé e non è ricco verso Dio."
(*Vangelo di Luca* 12, 16-21)

Perciò io vi dico: non preoccupatevi per la vostra vita, di quello che mangerete o berrete, né per il vostro corpo, di quello che indosserete; la vita non vale forse più del cibo e il corpo più del vestito? Guardate gli uccelli del cielo: non seminano e non mietono, né raccolgono nei granai; eppure il Padre vostro celeste li nutre. Non valete forse più di loro? E chi di voi, per quanto si preoccupi, può allungare anche di poco la propria vita? E per il vestito, perché vi preoccupate? Osservate come crescono i gigli del campo: non faticano e non filano. Eppure io vi dico che neanche Salomone, con tutta la sua gloria, vestiva come uno di loro. Ora, se Dio veste così l'erba del campo, che oggi c'è e domani si getta nel forno, non farà molto di più per voi, gente di poca fede? Non preoccupatevi dunque dicendo: "Che cosa mangeremo? Che cosa

berremo? Che cosa indosseremo?". Di tutte queste cose vanno in cerca i pagani. Il Padre vostro celeste, infatti, sa che ne avete bisogno. Cercate invece, anzitutto, il regno di Dio e la sua giustizia, e tutte queste cose vi saranno date in aggiunta. Non preoccupatevi dunque del domani, perché il domani si preoccuperà di se stesso. A ciascun giorno basta la sua pena.
(*Vangelo di Matteo* 6, 25-34)

Non occorre pensare al futuro perché c'è un Essere Onnipotente che sa di cosa abbiamo bisogno e che provvede. Che fortuna! Ma per tutti coloro che non possono o non hanno il coraggio di affidare la loro sorte a questa solida garanzia, per tornare a un discorso più laico, che bisogna dire?

È certamente vero che spesso siamo così impegnati a progettare il futuro che ci dimentichiamo di goderci il presente, il quale è esso stesso frutto di alcuni nostri piani passati che sono andati a buon fine: ma una volta che un piano va a buon fine, smette di avere importanza, e viene prontamente soppiantato da un altro. Non si vuole perdere tempo a fermarsi e rallegrarsi di un successo. Il che crea niente di meno che un paradosso: perché tutto questo affannarsi? È certamente vero anche che la maggior parte dei nostri timori non si realizzeranno mai, come molti dei nostri piani.

Allo stesso tempo, però, è ugualmente vero che se non pianificassimo nulla, se vivessimo alla giornata, in balìa degli eventi, sarebbe difficile qualsiasi minima conquista, di più, sarebbe a rischio la nostra stessa sopravvivenza, come ci insegnò da piccoli la favola della cicala e della formica. Rodari e Gusmeroli, giustamente, rivalutarono la favola e difesero la povera cicala.

Chiedo scusa alla favola antica
se non mi piace l'avara formica.
Io sto dalla parte della cicala
che il più bel canto[10] non vende, regala.
— Gianni Rodari

Se tutti fossimo cicale, questo mondo sarebbe di certo colmo di musica e bellezza, ma che fare quando arriva l'inverno? Se tutti vivessimo alla

---

[10] Essendo autore di numerosi libri sull'educazione sessuale ed esponente di prima linea dell'Illuminismo Sessuale, non vorrei mi si rimproverasse una certa trascuratezza: al di là della funzione della fiaba o delle conoscenze entomologiche di Esopo, la cicala non "canta" perché è felice o pigra ma, al contrario, fa vibrare la sua membrana sonora per trovare o farsi trovare da un partner o eccitarlo e accoppiarsi.

giornata, come predicava Gesù, la scienza e la tecnologia, così come ogni arte e scienza, cadrebbero in una stagnazione mortale, niente sarebbe più edificato, o coltivato. Se avessimo ubbidito al discorso di Gesù del 30 E.C., ci troveremmo ora in un mondo uguale al 30 E.C., nella migliore delle ipotesi. Se abbiamo scoperto come azzerare la mortalità infantile, come sconfiggere o prevenire terribili malattie, come edificare secondo una maggiore prevenzione sismica, come aumentare la qualità della vita, è proprio grazie a coloro che hanno *disubbidito* a Gesù e alla sua ridicola parabola del "non ti curar del domani", la quale, osservata, ci impedirebbe persino di preparare una focaccia[11]. Questo profeta mediorientale così scherniva l'ingegno della nostra razza: "E chi di voi, per quanto si preoccupi, può allungare anche di poco la propria vita?". Oggi la speranza di vita mondiale

---

[11] Risulta difficile persino immaginare come Gesù, rimanendo fedele a tale parabola, sia riuscito a organizzare i suoi viaggi per la terra d'Israele e reclutare i suoi seguaci. Non si preoccupava di nulla? Non ripassava i suoi discorsi? Non controllava gli itinerari? Era così convinto dell'infallibilità del suo agire da dormire sereno ogni notte e vivere appieno ogni momento del presente? In questo caso, non si dica che egli sia stato uomo.

è più alta che mai: l'abbiamo allungata, la nostra vita, e non di poco, con buona pace di Gesù.

Essere formiche, cioè laboriosi e lungimiranti, promuove la sopravvivenza, ma a costo di sacrifici. Essere cicale, cioè amanti del bello e del presente, ci fa godere la vita, ma ci getta in balìa degli eventi. Occorre dunque, a mio avviso (e personalmente cerco di fare così), imparare a essere degli ibridi, metà cicala e metà formica. Vale a dire, imparare a costruire degli argini che tengano a bada gli imprevisti senza che questi oscurino anche la luce solare che riscalda e fa brillare la vita, lavorare per vivere e non vivere per lavorare, migliorare la vita ricordando che essa è per noi e non viceversa: non ridurre la nostra esistenza né a un mero mezzo né a un mero fine. Godere delle conquiste senza però adagiarsi sugli allori; adagiarsi sugli allori solo di tanto in tanto. Sacrifici ciechi sono da masochisti; godimenti ciechi sono da stolti. La più grande formica fu Alan Turing, un uomo che sacrificò la sua giovinezza per lo studio della matematica e il servizio del suo Stato, e che non solo non ricevette alcuna ricompensa, ma che fu spinto al suicidio da quello stesso Stato che lui aveva così diligentemente servito. È dalle storie tristi come la sua che si impara a esser cicale.

Proviamo a considerare, per un attimo, cosa faremmo se oggi fosse veramente il nostro ultimo giorno: tanto basta per rendersi conto che questa massima è fuffa. Diventeremmo ridicoli, andremmo dai vicini di casa a confessare le cose più segrete, manderemmo a quel paese il nostro capo e tanti colleghi, spenderemmo tutto il patrimonio per una crociera cinque stelle, e il mattino seguente ci ritroveremmo ancora vivi ma senza lavoro, senza dignità e senza soldi. Oggi potrebbe essere l'ultimo giorno, è verissimo: ma da questo non deriva che dovremmo viverlo come tale, allo stesso modo in cui dal fatto che ogni pranzo potrebbe essere l'ultimo non deriva il dovere quotidiano di abbuffarsi. Ciò che questa massima intende dire, a chi ha orecchi per intendere, è che dobbiamo vivere tenendo presente che non vivremo per sempre, ovvero, senza perdere tempo a indossare maschere, a fare ciò che non ci piace fare, a temere tutto come se dovesse durare per sempre e a godere di niente come se si facesse sempre tempo a recuperarlo.

In realtà, e con questo mi ricollego al tema del libro, volete sapere cosa farei se sapessi che oggi fosse il mio ultimo giorno? La testa mi si surriscalderebbe, la stringerei tra le mani, mi siederei in un angolino a piangere e tremare dalla paura, il pensiero che domani non vedrei l'alba mi paralizzerebbe, mi sparerei un colpo per far cessare nel mio cuore il ticchettio delle lancette dell'angoscia.

Io ho paura

I

Pascal

Guardare la morte in faccia

Se c'è un filosofo che non si è vergognato a confessare di tremare al freddo dell'ombra della morte, che anzi ha posto questa angoscia al centro della sua filosofia, che si è schierato con quelli che "cercano gemendo", anziché insultarli e intontirli con facili sillogismi, questo è senza dubbio Blaise Pascal (1623-1662). Basta leggere qualche pagina della sua *Apologia della religione cristiana* (oggi pubblicata come *Pensieri*) per rimanere impressionati dalla schiettezza e dalla profondità dell'esplorazione pascaliana dell'animo umano, dipinto con un sapiente chiaroscuro nelle sue contraddizioni.

Lasciamo perdere, per quanto possibile, la questione religiosa, il fatto che fu cristiano e aderente al dogma del peccato originale, secondo cui l'uomo nasce malvagio ("nemico di Dio") e deve su questa Terra guadagnarsi non la bontà ma la grazia divina: Pascal è anche scienziato e inventore, e l'*Apologia* tiene costantemente aperto un dialogo con l'ateismo, verso cui egli ha atteggiamenti ambigui, ma tutt'altro che sordi. Focalizziamoci soltanto sulle sue acute osservazioni sulla condizione dell'unico animale che sa che dovrà morire.

Infine, che cos'è l'uomo nella natura? Un nulla in confronto con l'infinito, un tutto in confronto al nulla, qualcosa di mezzo tra il nulla e il tutto. Infinitamente lontano dal comprendere gli estremi, il termine delle cose e il loro principio sono per lui invincibilmente nascosti in un segreto impenetrabile. Egli egualmente incapace di scorgere il nulla, da cui è tratto, e l'infinito in cui è inghiottito.

Che farà dunque, se non percepire qualche apparenza di ciò che è mediano nelle cose, in una eterna disperazione di non conoscere il loro principio, né la loro fine? Tutte le cose sono uscite dal nulla e condotte fino all'infinito.

Due immagini, terribilmente suggestive: quella dei condannati a morte e quella dell'isola misteriosa.

Ci si immagini un gran numero di uomini in catene e tutti condannati a morte, di cui alcuni siano ogni giorno sgozzati sotto gli occhi degli altri; quelli che restano vedono la propria sorte in quella dei loro simili e, guardandosi gli uni e gli altri con dolore e senza speranza, aspettano il loro turno. Tale è l'immagine della condizione degli uomini.

Nel vedere l'accecamento e la miseria dell'uomo, nel considerare tutto l'universo muto, e l'uomo senza luce, abbandonato a se stesso, e come smarrito in quest'angolo dell'universo, senza sapere chi ve lo abbia messo, cioè che vi è venuto a fare, cosa diventerà morendo, incapace di ogni conoscenza, comincio a provare una grande paura, come un uomo che sia stato portato addormentato in un'isola deserta e spaventosa e che si svegliasse senza sapere dove si trova e senza mezzi per uscirne. Ed effettivamente, stupisco come non si incominci a disperare di una così miserabile condizione.

Pascal era credente, certo, ma anche per un credente il dilemma dell'oltretomba non è bell'e risolto. Ciò a cui la ragione può aderire (la teologia cristiana) non mette a tacere tutto ciò che il cuore fa sentire. Anche se il Paradiso è eterno, c'è pur sempre qualcosa di inquietante nell'idea di eternità, perché l'uomo non riesce ad immaginarla; rimane poi il "nulla" da cui siamo "tratti", che non fa meno paura, nonostante la presenza di un Dio buono e onnipotente (in realtà, essendo l'uomo intrinsecamente malvagio, il Dio di Pascal è "sdegnato"). A poco servono le dimostrazioni di Socrate o Epicuro: il cuore ha delle ragioni che la ragione non conosce, e soprattutto, l'*imagination* è più forte della *raison*: il più grande filosofo del mondo, scrive Pascal, nel percorrere un'asse sopra un precipizio sarebbe sopraffatto dalle vertigini e suderebbe freddo, pur avendo essa dimensione e solidità adeguata.

La nostra immaginazione ci ingrandisce talmente il tempo presente, a forza di farci sopra continue riflessioni, e diminuisce tanto l'eternità, con il non rifletterci, che noi facciamo dell'eternità un nulla e del nulla un'eternità; e tutto ciò ha in noi così vive radici, che tutta la nostra ragione non ce ne può difendere.

«Non ci teniamo mai fermi al tempo presente. Anticipiamo l'avvenire quasi fosse troppo lento a venire, quasi per affrettare il suo corso; oppure richiamiamo il passato, per arrestarlo quasi fosse troppo fugace; imprudenti al punto di aggirarci nei tempi che non sono nostri, e di non pensare al solo che ci appartiene; e talmente vani che ci abbandoniamo a pensare a quei tempi che non hanno realtà e sfuggono senza riflettere il solo che sussiste. Lo scacciamo dalla nostra vista perché ci affligge; e, se ci è gradevole, ci affliggiamo di vederlo sfuggire. tentiamo di sostenerlo con l'avvenire, e pensiamo di predisporre le cose che ancora non sono in nostro potere, per un tempo al quale non abbiamo alcuna certezza di arrivare. Ciascuno esamini i propri pensieri, li troverà tutti presi dal passato oppure dall'avvenire. Non pensiamo quindi affatto al presente; e se ci pensiamo, è solo per prendere lumi per predisporre l'avvenire. Il presente non è mai il nostro scopo: il passato e il presente sono i nostri mezzi; l'avvenire solo è il nostro scopo. In tal modo noi non viviamo mai, ma speriamo di vivere; e, predispondendoci sempre ad essere felici, è inevitabile che non lo siamo mai.

Corriamo senza darcene pensiero nel precipizio, dopo esserci messi dinanzi agli occhi qualcosa che ci impedisca di vederlo.

Che si creda o meno in un Dio, quando si riflette sulla morte, si riflette sulla condizione umana, e si rallenta il tempo, lo si arresta. L'uomo tende però a non pensarci, a distrarsi, a di-vertirsi ("girarsi dall'altra parte", secondo l'etimo), e così facendo "giunge alla morte inavvertitamente". Il *divertissement* pascaliano non si limita solamente alla caccia, allo sport, alla moda, alle frivolezze, ma include anche la politica, la guerra, la ricerca dell'onore (così importante per gli antichi), l'economia, la scienza, la stessa filosofia (quella che non si occupa della morte). Pascal scrive che la differenza più importante tra l'uomo comune e i potenti è che i potenti possono contare tutto il giorno su un maggior numero di impegni e di persone che le distraggono con presunti affari importanti.

L'uomo, scrive il filosofo, ha talmente paura della morte che ha deciso di non pensarci; e tuttavia questo atteggiamento viene definito "mostruoso" e "incomprensibile", come quello di un condannato a morte in cella che, invece di informarsi sul suo processo e chiedere la revoca della sentenza, scelga di passare le ultime ore della sua vita a giocare a carte.

Io non so chi mi ha messo al mondo, né che cos'è il mondo, né che cosa sia io stesso; mi trovo in una ignoranza terribile su tutte le cose; non so cosa sia il mio corpo, che cosa i miei sensi, che cosa la mia anima e questa stessa parte di me che pensa quello che sto dicendo, che riflette su tutto e su se stessa, e non conosce se stessa così come non conosce le altre cose. Vedo quegli spaventosi spazi dell'universoche mi racchiudono, mi trovo confinato in un angolo di questa vasta distesa, senza sapere perché sono posto in questo luogo piuttosto che in un altro, né perché questo poco di tempo che mi è stato dato da vivere mi è stato fissato in questo momento piuttosto che in un altro di tutta l'eternità che mi ha preceduto e di tutta quella che mi seguirà. Vedo da ogni parte solo infinità che mi racchiudono come un atono e come un'ombra che dura solo un istante senza ritorno. Tutto ciò che so è che devo presto morire, ma quello che più ignoro è questa stessa morte che non saprei evitare.

Come non so di dove vengo, così non so dove vado, e so solamente che uscendo da questo mondo cadrò per sempre o nel nulla o nelle mani di un Dio sdegnato, senza sapere quale di queste due condizioni avrò in sorte per l'eternità. Ecco il mio stato, pieno di debolezza e d'incertezza. E da tutto questo concludo che devo dunque passare tutti i giorni della mia vita senza cercare quello che mi dovrà capitare. Forse potrei trovare qualche chiarimento ai miei dubbi; ma non voglio darmene pena, né fare un passo per cercarlo, e poi, trattando con disprezzo quelli che si travagliano in questa ricerca - qualunque certezza che essi ne avessero, sarebbe un motivo di disperazione piuttosto che di vanità -, io voglio affrontare senza previdenza e senza timore un così grande evento, e lasciarmi mollemente condurre alla morte, nell'incertezza sull'eternità della mia futura condizione.

Nulla è così importante per l'uomo quanto il suo stato, nulla gli è così spaventoso quanto l'eternità; per questo, non è affatto naturale che si trovino uomini indifferenti alla perdita del proprio essere e al pericolo di una eternità di miserie. Essi sono ben diversi nei riguardi di tutte le altre cose: hanno timore finanche nelle cose più leggere, le prevedono, le sentono; e quello stesso uomo che passa tanti giorni e tante notti nella rabbia e nella disperazione per la perdita di una carica o per qualche offesa immaginaria al suo onore, è lo stesso che sa di essere sul punto di perdere tutto con la morte, senza inquietudine e senza emozione. È una cosa mostruosa vedere in uno stesso cuore e nello stesso tempo una tale sensibilità per le cose più piccole e una tale singolare insensibilità per le più grandi. Sono un incantesimo incomprensibile, e un torpore soprannaturale, che indicano una forza onnipotente che ne è la causa.

Questa negligenza su una questione in cui si tratta di loro stessi, della loro eternità, del loro tutto, mi irrita più che non mi rattristi: essa mi stupisce e mi sgomenta: è per me una mostruosità.

Se pensiamo alla morte, però, tutto perde senso, come quando ci abbagliamo con il sole, e tutto diventa per qualche secondo confuso. Cosa dovremmo farcene, per esempio, dell'onore degli uomini, che tutti bramano sopra ogni altra cosa? Esso ci darà forse qualche aiuto per l'ora in cui tutto si decide per sempre?

Siamo ridicoli a cercar riposo in compagnia dei nostri simili: miserabili come noi, impotenti come noi, non ci aiuteranno, si morrà da soli. Bisogna dunque fare come se si fosse soli; ma, allora, si costruirebbero superbi palazzi, eccetera? Si cercherebbe la verità senza esitare; e, se si rifiuta di farlo, si mostra di preferire la stima degli uomini alla ricerca della verità.

La riflessione sin qui ineccepibile del matematico seicentesco si incaglia ora in un paradosso: se tutti pensassimo sempre alla morte, come è razionale fare, che fine farebbe la civiltà? Non si costruirebbero più magnifici palazzi, forse il pensiero sarebbe continuato così, non si studierebbe più nessuna disciplina, non si perfezionerebbe più nessuna tecnica, non si racconterebbero più storie, non si produrrebbe più arte o musica, gli Stati non esisterebbero più, non si farebbero più guerre perché ciascuno sarebbe troppo occupato a riflettere sul proprio destino. Il mondo diventerebbe un immenso campo profughi, una carcere a cielo aperto in cui le biblioteche vengono prese d'assalto per cercare "come si guadagna il cielo". Si continuerebbe a fare figli, solo per ubbidire al comandamento della procreazione, si metterebbero al mondo altre persone che, raggiunta l'età della ragione, cadranno nella stessa disperazione esistenziale dei loro genitori. L'interesse per l'infinito soppianterebbe quello per il finito, il cielo schiaccerebbe la terra: è questo il piano di Dio? È questo il mondo cristiano ideale? Sarebbe un comportamento saggio?

Pascal scrive che l'uomo non può fare nemmeno un passo con "sensatezza e discernimento" senza regolarlo in vista del senso della vita e della morte: ma allora egli non ne farà mai alcuno!

È infatti incontestabile che il tempo di questa vita è solo un attimo, che lo stato della morte è eterno, qualunque ne possa essere la natura; di conseguenza, tutte le nostre azioni e i nostri pensieri devono prendere strade talmente diverse secondo lo stato di questa eternità, che è impossibile fare un passo con sensatezza e con discernimento senza regolarlo in vista di quel punto che deve essere il nostro ultimo fine.

[...] Si giudichi dunque da questo punto di vista di coloro che vivono senza pensare a quell'ultimo termine della vita, che si lasciano andare alle loro inclinazioni e ai loro piaceri senza riflessione e senza inquietudine e, come se potessero annientare l'eternità distogliendo da essa il loro pensiero, pensano a rendersi felici soltanto in questo attimo.

Tuttavia questa eternità esiste e la morte, che la deve spalancare e che li minaccia ad ogni ora, li deve mettere infallibilmente in breve tempo nell'orribile necessità di essere eternamente o annientati o infelici senza che sappiano quale di queste eternità sia loro preparata per sempre.

Ecco un dubbio di una terribile importanza. Essi sono nel pericolo di una eternità di miserie; e su ciò, come se non ne valesse la pena, trascurano di esaminare se è una di quelle opinioni che il popolo accoglie con facilità troppo credula o di quelle che, essendo di per se stesse oscure, hanno un fondamento solidissimo, benché nascosto. E così, non sanno se c'è verità o falsità nella cosa, né se c'è vigore o fragilità nelle prove. Le hanno dinanzi agli occhi;

rifiutano di guardarvi, e in questa ignoranza prendono il partito di fare tutto quello che occorre per cadere in quella infelicità nel caso che essa ci sia, di aspettare di farne esperienza al momento della morte, di essere nel frattempo assai soddisfatti in questo stato, di proclamarlo e, infine, di vantarsene. Si può pensare seriamente all'importanza di questo problema senza avere l'orrore di una condotta così stravagante?

[...] L'immortalità dell'anima è una cosa che ci interessa così fortemente, che ci tocca così profondamente, che bisogna aver perduto ogni sensibilità per rimanere indifferenti a sapere come stiano le cose. Tutte le nostre azioni e pensieri devono prendere indirizzi talmente diversi a seconda che si avranno o non si avranno beni eterni da sperare, che è impossibile fare un passo con criterio e giudizio senza regolarlo in vista di quel punto che deve essere il nostro ultimo oggetto. Così, il nostro primo interesse e il nostro primo dovere è di chiarirci intorno a questo soggetto, da dove dipende tutta la nostra condotta.

A mio avviso, Pascal ha perfettamente ragione, per quanto riguarda i cristiani, ha terribilmente torto, per quanto riguarda gli atei, e di nuovo, ha perfettamente ragione per quanto riguarda gli ignavi (coloro che non vogliono faticare per cercare la verità).

Se io fossi cristiano, di certo mi preoccuperei di come piacere al mio Dio, di come guadagnare il cielo; non solo, me ne preoccuperei sempre, *tout le temps*: il rischio è troppo grande per essere corso, la promessa troppo bella per essere sprecata. E infatti, quando ero cristiano (dai 12 ai 19 anni), pensavo soltanto a questo, oltre ad andare bene a scuola, a suonare bene il flauto traverso, e a sopravvivere. Pascal ha espresso perfettamente questo concetto, non desidero aggiungervi una parola: per una persona che sa che le proprie azioni possono soddisfare o adirare un dio, non c'è veramente nulla di più importante che cercare di capire quali esse siano. Vivendo in Veneto, essendo cresciuto in una famiglia tradizionale e abituato alla compagnia di contadini e cacciatori, il fenomeno linguistico della bestemmia ha fin da piccolo attirato la mia curiosità (un giorno forse ci scriverò un saggio). Come è possibile, mi chiedevo, che queste persone che costruiscono chiese e capitelli, che quando hanno paura pregano, che la domenica mattina vanno a messa, che danno le più sontuose feste quando un figlio o un nipote fa la prima comunione o la cresima, ma soprattutto, che credono che il loro futuro, infinitamente più lungo della loro stessa vita sulla Terra, sia nelle mani di un dio onnipotente, alla minima inconvenienza, o come segno d'interpunzione nelle frasi, insultino questo stesso dio, e lo facciano con così tanta leggerezza? Formulai una teoria: evidentemente, chi bestemmia non crede veramente che Dio esista. Ché se lo credesse, non lo bestemmierebbe. L'ateo può bestemmiare quanto vuole, poiché crede che nulla gli succederà; ma il cristiano, come può essere così masochista? Forse che qualcuno preferisce l'Inferno al Paradiso?

Quello della bestemmia è semplicemente un esempio estremo della contraddittorietà dell'essere umano, o forse della sua incredulità congenita. Ma pensiamo, più semplicemente, al fatto che se le cose stessero veramente come dice la Chiesa, non avrebbe forse senso per un cristiano non solo andare a messa ogni settimana, che dico, ogni giorno, ma inoltre leggere le Scritture, che dico leggere, setacciare, ogni angolo del Libro dei Libri, frequentare corsi universitari di teologia ed esegesi biblica? Certo! Allo stesso modo, se sapessimo che tra un po' di tempo verremo tutti condotti su Marte, non faremo subito delle ricerche su questo pianeta, su come sopravvivere in questo ambiente, su cosa portare con noi e cosa lasciare indietro? Non ci assicureremmo di salire nella navicella più sicura? Non sarebbe insensato se, sapendolo, decidessimo di trascorrere i nostri ultimi giorni sulla Terra giocando a bocce?

Non potrei mai essere un ignavo: ripugna alla mia natura riflessiva. O dentro la nave della Chiesa, o fuori: questo mi son detto. Non ha senso passare tutta la vita seduto sul bordo, per metà sulla nave e per metà in acqua: non ci si gode né il viaggio in nave, né la libertà della terra. Eppure, diciamolo subito e con chiarezza, la maggior parte delle persone rientra in questa categoria, eredita il malloppo della religione dai suoi antenati e ne esegue i riti più come una macchina che come un essere pensante, e ne esegue solo quelli che a lui o lei fanno comodo o non pesano troppo. Non lampeggia mai nella loro testa l'idea di verificare, per una volta, se tutta questa fatica e questa auto-limitazione e questo traffico e questo ambaradan di bizzarri precetti serva *effettivamente* a qualcosa, corrisponda a una *vera* esigenza, o viceversa, se abbia *vere* conseguenze una loro mancata osservanza. Non c'è nulla di disonorevole in questa ricerca, in questo calcolo delle probabilità, Pascal lo dimostra con la sua vita: la religione è *utile*, è un *mezzo* per raggiungere un fine, e la fede può essere causata dall'amor proprio, tant'è vero che, a chi non riesce proprio di credere, il filosofo suggerisce di far finta, di simulare una fede. Lo scandalo, semmai, sta nel *non* intraprendere questa ricerca. Concordo pienamente con Pascal: si tratta di un atteggiamento mostruoso, incomprensibile, autolesionista.

Il terzo gruppo di individui sono gli indecisi: coloro che, nonostante gli sforzi della ricerca, non riescono a convincersi né che Dio esista né che non esista, cioè, né che dopo la morte vi sia qualcosa né che vi sia il nulla. Contro di essi Pascal non cova disprezzo, ma compassione: e se prendiamo seriamente molte sue dichiarazioni, se tracciamo fino in fondo le linee che egli abbozzò, se consideriamo per esempio il celebre argomento della scommessa (secondo il quale credere sarebbe più *vantaggioso* di non credere in termini probabilistici), forse egli fu uno di questi.

Troppo intelligente per ignorare le falle della religione, troppo timoroso per ignorare le sue evidenze.

Ma arriviamo al quarto e ultimo gruppo, quello che a noi interessa di più: gli atei. Questo libro infatti intende affrontare il problema della morte (o meglio, subirlo) senza scudi magici o scorciatoie di alcun tipo, intende esplorare l'ipotesi "peggiore": quella che la morte sia il nulla, e che non ci sia nulla da fare. Ecco, se la morte è il nulla, e se non c'è nessun dio e nessun oltretomba, quale atteggiamento è il più razionale? È qui che si consuma il mio dissenso con Pascal.

Si rifletta su ciò e si dica poi se non è indubitabile che, in questa vita, non ci sia altro bene all'infuori della speranza di un'altra vita, che non si è felici che nella misura in cui ci si avvicina ad essa.

Ora, quale vantaggio c'è per noi nel sentire dire da un uomo che ha scosso il giogo, che non crede che vi sia un Dio che veglia sulle sue azioni che egli si considera l'unico arbitro della propria condotta, e che non pensa a renderne conto che a se stesso? Pensa di averci condotti in tal modo ad avere ormai molta fiducia in lui e attendere da lui consolazioni, consigli e aiuto in tutti i bisogni della vita? Pretendono di averci ben rallegrato, col dirci che sono sicuri che la nostra anima è solo un po' di vento e di fumo, e ancora, di dircelo con un tono di voce fiero e soddisfatto? È questa dunque una cosa da dirsi allegramente? Non è, al contrario, cosa da dirsi con tristezza, come la cosa più triste del mondo?

Accogliendo l'invito di Pascal, rifletto e dissento: questa vita è bella anche se finisce, e forse la felicità è possibile anche senza un suo proseguimento. In questo libro ho confessato ai lettori la mia paura della morte, non il mio disprezzo per la vita. È vero che nel capitolo 10 ho sostenuto che la vita non sarebbe bella se fosse infinita, ma ho sostenuto allo stesso modo che ciò non può indebolire la paura della morte, che anzi la fortifica. Ora, un conto è riconoscere che *pensare* alla morte fa paura, un conto è dire che per questa paura non si riesce più a vivere o non si desidera più vivere, come senza dubbio farebbe Pascal, venisse meno il suo rifugio sovrannaturale. Pascal (e con lui molti cristiani) senza Dio non saprebbe che farsene della vita, la troverebbe inutile, senza senso, una tortura odiosa, un incubo con una sola, dolorosa via d'uscita. Pascal è l'antesignano dell'uomo moderno, vive in se stesso la transizione tra due epoche, tra due tipi di esistenza. Egli afferma che questa vita senza Dio è infelice; Nietzsche gli rinfaccerà che la sua infelicità di vivere derivava proprio dal cristianesimo.

Un fiore è bello anche se in inverno morirà: siamo convinti di questa affermazione, o la ripetiamo anche noi meccanicamente? La finitezza diminuisce la bellezza? Schieriamoci. Qualsiasi sia l'idea dei lettori, io non mi sento di ridicolizzare nessuno. Alcuni diranno che la realtà è bella proprio perché è finita. Altri diranno che il silenzioso scivolare verso il nulla, verso l'oscuro, verso il marcio, è brutto. Forse che solo i secondi sono sinceri? Forse che i primi sono scaltri, poiché si accontentano di ciò che possono avere? Dobbiamo allora chiederci questo: il desiderio dell'immortalità, dell'infinito, è connaturato all'uomo o è acquisito e contrario alla sua natura? L'uomo tende all'infinito, o c'inganniamo? C'è chi ha sostenuto l'uno e chi l'altro.

"Chiuso fra cose mortali
(anche il cielo stellato finirà)
Perché bramo Dio?"
— Giuseppe Ungaretti, *Dannazione*

Il sentimento della nullità di tutte le cose, la insufficienza di tutti i piaceri a riempierci l'animo, e la tendenza nostra verso un infinito che non comprendiamo, forse proviene da una cagione semplicissima, e più materiale che spirituale. L'anima umana (e così tutti gli esseri viventi) desidera sempre essenzialmente, e mira unicamente, benché sotto mille aspetti, al piacere, ossia alla felicità, che considerandola bene, è tutt'uno col piacere. Questo desiderio e questa tendenza non ha limiti, perch'è ingenita o congenita coll'esistenza, e perciò non può aver fine in questo o quel piacere che non può essere infinito, ma solamente termina colla vita. E non ha limiti 1. né per durata, 2. né per estensione.
— Giacomo Leopardi, *Zibaldone.*

O forse, e che diabolica situazione è questa, abita in noi il desiderio dell'infinito, ma è bene per noi domarlo e ridimensionarlo, seguendo i consigli di Epicuro: cercando, cioè, solo i piaceri necessari e naturali. Una lotta contro la nostra natura: siamo sicuri che ciò ci consegnerà il frutto della felicità?

La gente atea, la gente comune, la gente che non ripone troppa speranza in un aldilà insicuro, si gode l'aldiqua sicuro, perché forse esso è tutto ciò che si ha. L'uomo ha smesso di pensare alla morte, non perché è stupido e miope o masochista, ma perché non *può* pensare sempre e solo alla morte: l'uomo è *fisiologicamente* portato ad agire, a costruire. Il pensiero della morte lo paralizza e lo angoscia, di qui il suo *divertissement*: ma forse il *divertissement* è tutto ciò che egli può fare. Ci ha pensato, l'uomo, alla morte, ci ha pensato tanto, è da migliaia di anni che ci pensa: ha inventato mitologie, ha scritto libri sacri, ha passato a fil di spada quelli che non ci pensavano come lui, dopo aver bruciato le loro case. E dopo aver tanto sofferto, e tanto bussato al Cielo per un po' di riposo, non vedendosi mai aprire la porta, anzi avendo l'impressione talvolta che il Cielo si prendesse gioco di lui, finalmente l'uomo smise di bussare, smise di prendere sul serio tutte le storie e i portavoce di questo Cielo, uno più falso dell'altro, e ritornò[12] al *divertissement* che, nonostante non lo appagasse, almeno non lo aveva mai ingannato.

[12] Ho usato il verbo "ritornò" perché è solo nell'Era Cristiana, che io situo tra il 313 E.C.. e il 1789 E.C., che l'uomo vede la propria vita terrena come prova da superare per una ultraterrena, e che quindi vive il *divertissement* come un peccato. Ripudiato il cristianesimo, l'uomo si ricongiunge al suo passato antico: non a caso, i sudditi diventano cittadini, come presso i Greci, rischiare la vita per la propria nazione diventa importante, come presso i Romani, grandi movimenti politici promettono un ritorno all'età dell'oro, come il fascismo e il nazismo, o la costruzione di una società

II

Prima della nostra nascita
Abbiamo già percorso un infinito

Mentre ci sforziamo di immaginare l'eternità silenziosa della morte, e ci chiediamo come sia possibile non sentire né vedere mai più nulla, smettere di avere un "io", non dobbiamo dimenticare che noi abbiamo già "attraversato" un infinito, abbiamo già fatto esperienza del "nulla eterno", precisamente, prima di nascere.

"Dopo la tua morte sarai ciò che eri prima della tua nascita". Questo è un pensiero che, per qualche insondabile motivo, ci dà meno brividi di quello opposto, ovvero che dovremo attraversare il nulla eterno nel futuro. È come se fossimo più propensi ad accettare di venire dal nulla, che di doverci tornare.

Eppure, si tratta di due misteri ugualmente inquietanti e ugualmente imperscrutabili. Non riesco proprio a consolarmi con le parole di Margherita Hack, che si definì epicurea quando le fu chiesto se avesse paura della morte.

Se non ci preoccupiamo dell'eternità della nostra non esistenza prima della nascita, perché mai ci dovremmo preoccupare dell'eternità della nostra non esistenza dopo la morte?

Mi chiedo persino come si faccia a concepire una tale domanda. Bisogna essere così rilassati, così indifferenti alla vita, così disaffezionati per farlo: o questo, o l'alternativa è che non si capisce a cosa si va incontro (non si capisce cosa si perderà per sempre). La terza alternativa è che si abbia un semplicissimo spirito di gratitudine nei confronti di ciò che si è ricevuto dalla vita, di contentezza per aver vissuto anziché essere stato niente. Ma è questo umanamente possibile, mi chiedo? È possibile restituire un regalo con il sorriso?

A me sembra, da un punto di vista razionale, che il nulla che ci preceda sia ancora più angosciante di quello che ci segua, perché fu vissuto, ed essendo stato possibile, rende possibile l'altro. Ai cristiani che dicono di non temere, perché mai e poi mai Dio abbandonerebbe i suoi amati figli in un'oscurità perenne, bisogna rispondere così: che lo ha già fatto una volta. Mentre scrivo queste righe mi si chiude lo stomaco e devo fare altro.

III

Nulla ha senso?

Ritorniamo un momento a pensare al senso della vita. In quest'opera ho parlato del lasciare un'eredità come di una soluzione temporanea all'oblio, senza però mai esplicitare il perché essa dovrebbe esserlo. Problema: sparire ci angoscia. Ipotesi: un'eredità, vivificando il ricordo di noi, allunga il nostro essere. Soluzione: lasciare un'eredità ci tranquillizza un po'. Ma chiediamoci: perché? Perché il pensiero di essere ricordati per un po' di tempo, mettiamo anche qualche secolo, dovrebbe esserci di qualche aiuto? Non abbiamo forse convenuto in quest'opera che, purtroppo, prima o poi l'oblio tutto inghiotte, e dei nostri libri, dei nostri figli, delle nostre proprietà non rimarrà che polvere di stelle?

L'irrazionale risposta credo debbasi cercare nell'innato istinto umano della costruzione. Perché fare, produrre, costruire, scrivere, ci fa sentire bene? Perché bisogna contrastare il nulla. Come? Allargando il nostro essere. L'uomo lo adora: insegue le promozioni lavorative, aspira ad alte cariche, desidera essere riconosciuto. In uno scritto del 2020 che non ho ancora pubblicato definisco proprio così il *potere*: un allargamento del proprio essere.

A cosa potremmo paragonare la sensazione che percepiamo dentro di noi quando ci viene dato del lei (potere derivante dalla simbologia della lingua), o quando diamo un ordine che viene obbedito (potere sociale), o quando sappiamo di possedere l'edificio in cui stiamo avendo una cena con degli amici (potere del possesso), o quando stiamo parlando con un interlocutore da una posizione più alta rispetto alla sua (potere derivante dalla simbologia dello spazio), o quando veniamo ammirati per la nostra bellezza o per la bellezza di un nostro capo di abbigliamento? Il possesso di un potere ci facilita la vita, ci permette di raggiungere uno scopo in minor tempo e con minor fatica, come se in qualche modo il nostro stesso essere fosse più grande. Il potere potrebbe essere correttamente pensato come un ingrandimento figurato del corpo. Quando ci viene dato del lei, ci sentiamo come più alti; quando gli ordini che diamo vengono obbediti, ci pare di avere più braccia e più menti; quando suoniamo uno strumento la nostra anima si allarga e si diffonde nell'aria. Il lettore immagini: è vero o no che più cose possediamo, più ci sentiamo grandi? Il proprietario di dieci ettari di terra non si sentirà forse in un certo senso più grande di un mendicante nullatenente? E non è forse vero che quando una nostra proprietà è in pericolo, è il nostro stesso essere ad essere minacciato, e difendendo ciò che possediamo, difendiamo noi stessi? Mentre perdendo una proprietà (una casa, il cellulare, un libro) è come se avessimo perso una parte di noi stessi?

Non temere la morte significa innanzitutto tollerare il nulla e la nullificazione di tutto. Significa accettare che un giorno si perderà tutto, tutto ciò che si ha e tutto ciò che si è, e rinunciare ad ogni aspirazione di potere, accettarsi finiti senza lamentare un'ingiustizia. E forse è da qui che viene la leggenda del "ben morire": chi ha compiuto molto nella propria vita se ne diparte più serenamente poiché sa di aver già ingrandito il suo essere; chi piomba sul baratro della morte mentre ancora stava facendo progetti, sapendo di non aver vissuto appieno, si dimena e strilla. E chi è più angosciato nella sua ultima ora, un ricco o un povero? Un ricco, si risponderà, poiché ha tanto da perdere. Io invece dico un povero, poiché aveva tanto da guadagnare.

In questo senso, quando ho scritto che tutto ciò che facciamo non ha senso se visto in rapporto al nostro destino, non intendevo dire che ciò che finisce è meno bello e meno importante di ciò che è eterno, ma che produrre qualcosa che scomparirà è meno soddisfacente, dal punto di vista biologico e psicologico, di produrre qualcosa che aspira all'eternità. Cucinare un pranzo è sicuramente meno soddisfacente che gettare le fondamenta di una villa, governare la propria casa è meno soddisfacente di governare una nazione, nel qual caso ogni nostra minima azione rimarrebbe "per sempre" iscritta negli annali di storia. A questo insomma si riduce tutto: a una soddisfazione biologica, ma irrazionale. Pascal rimproverò l'uomo per la sua irrazionalità, e non comprese la sua biologia. Noi non siamo eterei calcolatori, ma individui in carne ed ossa, stanchi alla sera, e sempre sporchi di terra o polvere. Un cristiano è abituato alla repressione o moderazione dei suoi istinti: sollevando ancora una volta il suo pensiero, riuscirà a reprimere anche quello della costruzione e del potere. Ma per una persona più sobria ciò è più difficile, poiché significa andare contro natura. È razionale, per un cristiano, umiliarsi per il cielo: ma è contro natura farlo. "Per tutta la vita io mangerò pane e acqua, tapperò la mia libidine e mi farò piccolo, poiché questo mi frutterà un grande guadagno, molto maggiore di una vita vissuta libera da queste rinunce": si può certamente pensare, ma si può certamente non avere la forza di metterlo in pratica, e questo non per stupidità, non per "mostruosità", ma per natura, o per carenza di volontà di andare contro essa.

Per costruire qualcosa serve energia. Ora, se tutto ciò che costruiamo prima o poi svanirà, non ci turba tanto lo svanimento di qualcosa che magari ci siamo goduti per un po' quanto il pensiero che l'aver speso energia non abbia portato in fin dei conti a niente, e che sarebbe stato uguale non averla spesa. In realtà ciò non è vero: ha portato al godimento di quella costruzione (concreta o intellettuale che sia) per un certo periodo, e il nostro essere dopo questa esperienza fu diverso da prima. La morte però ci strappa anche quest'ultima consolazione: il nostro essere viene annullato, e dunque, tutte le fatiche, tutte le prove superate, tutti i cambiamenti a cui ci siamo adattati, e le lezioni che abbiamo imparato, vengono appallottolate e buttate nel cestino. Leopardi chiamò questo "la nullità di tutte le cose".

Tutto ciò che noi acquisiamo, abbiamo l'impressione di acquisirlo per sempre. Un uomo che impara a fare gli gnocchi a sessant'anni, e che morirà a settanta, non pensa di avere 3650 giorni di tempo per mettersi ai fornelli e degustarli, sente di averlo imparato per sempre. E così a che giova diventar saggi a settant'anni, se si morrà a settantacinque? Dicevano bene i Greci, non si è mai troppo giovani per imparare ad essere felici, anzi, è proprio in gioventù che lo si dovrebbe imparare.

Ecco perché il pensiero della morte ci inquieta: non perché tremiamo davanti all'ombra di un male prematuro (anche, ma non solo), ma perché il nostro stesso agire quotidiano viene svuotato di senso.

Che il senso della vita sia proprio questo svuotamento?

"Morire è la condizione stessa dell'esistenza. In ciò mi rifaccio a tutti coloro che hanno detto che è la morte a dar senso alla vita proprio sottraendole tale senso. Essa è il non-senso che dà un senso negando questo senso".
— Vladimir Jankélévitch

La speranza dell'immortalità dà alla vita un falso significato, la depreda della sua unicità, schiaccia il tempo presente che è tutto ciò che abbiamo. Ma anche la mortalità toglie ogni significato alla vita, cosicché sia l'una che l'altra possibilità sono per noi l'incudine e il martello.

Come rispondere a questa domanda: "Preferireste che dopo la morte ci fosse il nulla o il Paradiso e l'Inferno cristiani?". Metteremo al primo posto il Paradiso, al secondo il nulla e al terzo l'Inferno? Ma il Paradiso è tanto problematico e inquietante quanto il nulla, e anche se vi accedessi, il pensiero che miliardi di persone stiano soffrendo eternamente rovinerebbe il mio godimento, se in Paradiso si gode. E se in Paradiso non si gode, ma si venera Dio e si canta "Holy God, We Praise Thy Name" senza fine, come possiamo essere sicuri che questa eternità faccia per noi? *Non lo siamo, è un atto di fede.* Ma allora smettiamola di credere stupido chi non si imbarca con tutti i suoi beni e i suoi affetti in un viaggio così improvvisato. In ogni caso, come enuncia il dilemma della comparazione del nulla con cui ho aperto questo libro, non possiamo nemmeno *provare* a rispondere a questa domanda poiché ci chiede ciò che non possiamo fare: comparare un qualcosa, il Paradiso e l'Inferno, con il niente. Si dice che il nulla è comunque migliore della sofferenza: si controbatte che nella sofferenza, almeno, si esiste. Il conflitto è insanabile, e come diceva Wittgenstein, "su ciò di cui non si può parlare si deve tacere". Pensare alla morte è sensato, ma il pensiero della morte fa perdere senso alla vita. La morte è così l'unica paura dell'uomo su cui nessuna luce può essere gettata dalla logica, essendone così impenetrabile. A

coloro che non la temono, e che ci scherniscono,
io dico: siete sicuri di averla capita?

133